大夏书系 | 全国中小学班主任培训用书

林萍 · 著

给班主任的
59条
心理学
建议

59 Psychological Tips for
The Class Teacher

华东师范大学出版社
·上海·

图书在版编目（CIP）数据

给班主任的 59 条心理学建议 / 林萍著 . 一上海：华东师范大学出版社，2023
ISBN 978-7-5760-4186-6

I.①给… II.①林… III.①班主任工作 IV.① G451.6

中国国家版本馆 CIP 数据核字（2023）第 185862 号

大夏书系｜全国中小学班主任培训用书

给班主任的 59 条心理学建议

著　　者　　林　萍
策划编辑　　杨　坤
责任编辑　　韩贝多
责任校对　　杨　坤
封面设计　　奇文云海·设计顾问

出版发行　　华东师范大学出版社
社　　址　　上海市中山北路 3663 号　邮编　200062
网　　址　　www.ecnupress.com.cn
电　　话　　021-60821666　行政传真 021-62572105
客服电话　　021-62865537
邮购电话　　021-62869887
地　　址　　上海市中山北路 3663 号华东师范大学校内先锋路口
网　　店　　http://hdsdcbs.tmall.com/

印刷者　　北京密兴印刷有限公司
开　　本　　700×1000　16 开
印　　张　　17
字　　数　　251 千字
版　　次　　2023 年 11 月第一版
印　　次　　2025 年 7 月第三次
印　　数　　9 101-10 100
书　　号　　ISBN 978-7-5760-4186-6
定　　价　　58.00 元

出 版 人　　王　焰
（如发现本版图书有印订质量问题，请寄回本社市场部调换或电话021-62865537联系）

自 序

教育的本质是什么？什么样的教育才是当下最需要的教育？老师和家长如何实现最好的教育？这是我一直思考的问题。每当我分析总结班级各项工作情况时，就发现有这样一种现象：我用同样的方式方法教育出来的孩子都是不一样的，他们的反应也全然不同，未来也究终会开出自己独特的花朵，但他们的心理状态却是有共性的、有规律的。孩子们的心理活动决定了他们的行为，他们的行为又巩固了他们的心理，心理是隐性的，行为是显现的，他们的表现代表了他们当下所受教育的现状与水平。

教育的目标是让人变得高尚、有价值、有意义，这是通过人的具体行为实现的。行为是心理和思想影射的结果，因此在孩子的成长过程中，我们极有必要去分析孩子的心理，即要求我们要懂得一些心理学的理论概念与技术方法，去解析孩子的心理与行为，通过有效的"儿童心理学"工具，从本质和根源上去思考和分析孩子存在问题的原因，从心理学理论与实践入手，及时正面地引导与正确地介入，纠正不良行为和破解各类问题。

班主任如何落实这些涉及儿童心理学的"技术手段"？《给班主任的59条心理学建议》带领班主任重新认识教育科学的起源，建立在对人的心理探索的基础上，坚持以"心"育"心"，强调教师日常的教育行为要符合儿童心理的发展规律。从学生心理的角度去探索教育的可行性，创新实践教育心理学机制和逻辑，引领家长和指导学生共同健康成长，用爱呵护每一个幼小心灵。

本书不是单纯的理论堆砌，而是心理学理论结合具体实践案例以及各种有效的方法策略，不仅能让我们深入浅出地理解孩子的行为，而且通过相关可行性的操作方案和办法，干预和纠正孩子的不良行为，正向引导，积极培育，让孩子健康快乐地成长，解决当下家长最为焦虑的问题。

本书作为供小学班主任参考的教育心理学工具书，没有复杂深奥的理论，而是运用日常简单的方法去解决复杂的问题。此外，班主任可通过适合于自己的形式加以融会贯通，在潜移默化中运用到位，润物细无声。希望本书能让有书缘的班主任有所启发，让孩子们有所受益。

本书能出版，要感谢很多人。

首先，感谢我的家人，是他们的支持，让我有时间和精力去做自己喜欢做的事情。感谢我的孩子们，在陪伴她们的过程中让我学会了怎样做母亲，让我有机会总结养育、教育的科学方法，理性地对待自己生活和工作中的问题。

其次，感谢我的同事和朋友们，是他们的鼓励和支持，让我有信心去完成自己的第二本专著。

最后，感谢曾经接受我投稿的出版社的编辑们，尤其感谢李凤琴、池沙洲、祁进国等前辈，是他们诚恳地给我意见，让我不断修改，促使本书更好地完成。

于无声处听惊雷，于无色处见繁华。我愿以这一生的时光，默默地守护在教育的土地上，迈着裹满泥巴的双脚前行，静静拾穗，做教育虔诚的农夫。

目 录

I

第一章　打造可以长大的教室

1. 确认安全感：教室里的每一块砖都是孩子们的　003

2. 情绪调节师：教室色彩美育　009

3. 流动能量场：让每一面墙都说话　013

4. 凝聚力集结：班级 logo 的精神力量　016

5. 期望之帆：班名扬起　019

6. 拥有归属感：班徽设计与创造　021

7. 激荡心灵：班歌创作与传唱　025

8. 引领方向：班旗构筑理想　029

9. 疗愈内心：班刊的力量　033

10. 精神总谱：班本课程的非物质功能　037

II

第二章　共营生态型集体

11. 集体自驱力提升：集体目标与个人目标交融　045

12. 个体自驱力触发：个人目标制定与实施　050

13. 集体自调节力提升：大自然是最好的教室　057

14. 集体自组织力提升：共读的育人功能　061

15. 集体自进化力提升：诵读的开展与推动　065

16. 集体自适应力提升：绘本治愈入学困难症　070

17. 集体自制力提升：延迟满足班级优良行为　079

18. 自我认知力提升：用故事打开心窗照见柔光　083

19. 集体贡献力提升：日常劳动带来的"小确幸"　086

20. 集体表达力提升：儿童诗欣赏与创作　090

21. 形成积极氛围：鼓励信是积极情绪的档案袋　094

第三章　构筑高效学习场

22. 提升学生积极性：任务分配清晰　103

23. 提升教学效度：树立课堂结构意识　107

24. 营造学习氛围：察"眼"观色助推学习参与感　112

25. 优化学习方式：多感官参与　115

26. 沉浸式表达：课堂笔记与"心流"　118

27. 提升学习精准度：有效度的检查　126

28. 重塑学习信心：指导学生撕掉马虎的标签　129

29. 规范课堂行为：让"插话"变成"插花"　134

30. 推动教学落实：在教室里转，是一种比言语更响亮的
　　行动　142

31. 效率法宝：间隔交替学习　145

32. 提高学习质量：课堂作业本的妙用　150

33. 提高课堂效度：习惯养成从课堂礼仪开始　156

34. 管理时间秩序：让学生拥有美好的一天　160

35. 重组高效 DNA：多样表达方式助力学习　164

IV

第四章　建立积极的师生关系

36. 注重情绪卫生：扩大教师积极情绪的蝴蝶效应　175

37. 注重心灵关爱：暖心陪伴是教育的前提　179

38. 积极关系提升：了解孩子最初的成长背景　183

39. 积极关系经营核心：尊重每个学生的成长　186

40. 积极关系"定盘石"：坚持公平公正　189

41. 积极关系循环构建："花式鼓励"让心灵开花　192

42. 积极肢体语言使用：一个拥抱鼓励一颗受伤的心　196

43. 深度情感连接：读画就是读心　200

44. 消极关系破冰：做青春期的"青春"解语花　203

45. 积极关系维护：呵护孩子的"面子"　207

46. 识别学生内心需求：你的关注是我成长的养料　211

第五章 助推学生心灵成长

47. 从自卑走向自信：无条件地支持与信任　217

48. 挖掉"情绪地雷"：从溯源、觉察、反驳、聚焦到释怀　220

49. 拖延行为破解：拖一拖，不会熄火　224

50. 抵御诱惑："偷"是因为不够，那就多给点吧　228

51. 缓解焦虑：认知疗法是一味心药　232

52. 应激障碍处理：从接受、飘然、等待到平复　235

53. 拆除"自我设限"：自我肯定，迎接更好的自己　238

54. 社交障碍淡化：请再给我一次机会　241

55. 情绪宣泄：日记是孩子放飞心灵的秘密基地　244

56. 积极心态调整术：再糟糕的事情，也有积极的意义　247

57. 构建良性心智模式：掌控微习惯，掌控未来　250

58. 积极品质养成：在活动中肯定，在训练中巩固　255

59. "多动症"的克星：运动，有你想象不到的强大功能　261

I

第一章

打造可以长大的教室

1. 确认安全感：
教室里的每一块砖都是孩子们的

每个学校每个学期都会要求班主任开展班容班貌布置，还会要求班主任根据每个月不同的主题更换板报。

有老师这样抱怨："学校每个月要求布置一次教室，实在太辛苦了！有什么必要呢？"

也有老师说："该怎样布置教室呢？我一点头绪都没有。随便应付一下得了。"

还有老师说："都是老师在布置，孩子参与不多，这样的布置有什么意义呢？"

拥有多年班主任工作经历的我认为，班容班貌布置非常有必要。罗恩·克拉克（Ron Clark）是一位点燃无数孩子心中学习激情和人生奇迹的美国著名教师，他在《罗恩老师的奇迹教育》中有这样一句话："永远不要低估创造适当的环境和创设美好氛围的价值，它们会鼓舞我们的孩子去学习。"

心理学家亚伯拉罕·马斯洛（Abraham Maslow）认为，安全的需要是人的基本需要之一。在教室设计中有一个有趣的概念——所有权，它指的是设计一间教室，让学生和教师感到他们拥有周围的空间，这样的所有权能带给学生和教师安全感。班主任应从班容班貌布置开始创设积极的教室环境，并让学生参与其中，让学生切实感受到：教室里的每一块砖都是自己的。

教室艺术，不仅仅是个物理空间的设计问题，更是教育理念、教学法、甚至学习理论在空间、实体上的一个折射。教室布置对于学生的积极心理品质的培养有积极意义，其中更为重要的是细节的运用。那么需要关注哪些细节呢？

从色彩的选择开始，我通过"你喜欢什么样的色彩"的调查，对孩子们的调查报告进行分析，从而确定了这间教室的色彩。

然后，把教室空间图纸和视频发送给每个孩子，让孩子们设计教室，布置每个角落。在孩子们上交的作品中，通过全班投票选择其中一种布置，并且适当优化。设计征集过程中，我会指导孩子们对班级的空间进行整体规划：每个区域该布置什么？怎样布置？目的是要构建怎样的班级文化？每个区域该起到怎样的作用？各个区域之间如何连接起来以体现和形成班级整体文化？用这样的思维去考虑班级的墙体文化打造，具有较强的系统性。每一面墙上呈现的内容都不只是装饰，而是要发挥应有的文化作用。

设计教室每一个板块的功能，选择了主要的布置材料，是不是还要想一想每一面墙上都该装饰些什么？

要有集体作品的呈现。可以是孩子们和老师们的集体照，也可以是全班合力制作完成的一个作品，作品上签上每个孩子的名字。比如一幅共同创作的油画、一个共同制作的木制工艺品挂件等。让孩子们感受到这个集体是家，人人是主人，拥有强烈的安全感和归属感，每个人都相亲相爱。

集体荣誉墙非常必要。班集体获得的各种奖状都意义非凡，即使是三等奖的奖状也值得分享。不是把它们高悬在墙壁上就好了，而是尽量让每个孩子都在奖状上签上大名，并与之合影，这让学生体会到班级的每一份荣誉都是大家共同努力得来的。当学生在奖状上签上名字，拿到和奖状合影的照片，并将这些展示到墙壁上时，他们会感到非常荣耀，这一份荣耀能够激励他们为班级的下一次荣誉付出更大的努力，有助于推动班级凝聚力和荣誉感的培养。

要有班级专属logo。班级logo的含义是什么？它该具有怎样的形象？设计logo需要发挥整个班级的力量，当然也包括家长，大家集思广益，让班级logo成为班级人人悦纳的设计，人人皆知其含义，有助于增强班级的凝聚力。

专属logo要配以班级共同制定的规则和每个人的工作岗位一起展示出来，而且让每个孩子在上面签上名字。这是一份承诺，展示在教室醒目的地方，对孩子们起到提醒的效果，约束孩子们不好的行为。帮助他们时时监督自己的行为，为自己的行为负责，从而保证了正常的教学秩序。

孩子们的作品也要粘贴出来，这个区域可以大一些，展示的背景和平台尽可能多样化，展示他们独特的能力，为孩子们树立自信心。尽可能粘贴每个学生的作品，即使是他们摘抄的名言警句也可以贴上，体现以生为本的理念。对于小学生来说，需要班主任从旁提点的地方很多，但要避免班主任大包大揽。即使只是让学生做很简单的剪剪贴贴的事情，学生也会很有成就感，也能展示其主人翁精神。

学生是个开掘不完的宝藏，假若能很好地启发他们，将会收获特别的精彩。学生在课堂上或课间、在说话时或在作文本上提出几句特别精彩的话语，我会尽快将这些"名言警句"写在黑板上，并写上学生的名字，让全班学生一起来读一读，喊一喊学生的名字，就像读名人名言那样。以这样的方式展示，每个孩子都受到了激励：我们每个人都能说好话，写好文章。

指定学生将每天产生的美妙句子记录在本子上，每一个月评选出最优秀的语句，邀请班级书法写得好的学生写成书法作品，展示在作品展览区。每个月更换一次，一个月能在墙上展示的有五句甚至更多，一年下来就会有很多学生在这方面得到展示，更重要的是它产生的激励作用是巨大的。鼓励学生说、写精彩的话语，提高了学生的语文素养，同时，充实了班级文化，强化了良好班风的形成。

不仅孩子们的作品值得展示，他们独特的学习方法也值得展示，这能帮助到每个孩子。他们的学习能力不同，有些对于个别孩子来说是非常简单的科目，对另一些孩子而言，却是个难题。而学习方法的展示，就实现了班级内学习上的互相帮扶，实现共同进步，不仅减轻了老师的压力，还提高了孩子们的学习效率。

不仅展示学习方法，还要展示各个学科需要借助教室环境去强化巩固的内容。比如从小学一年级开始，我们学校进行双语教学，孩子们需要巩固大量的中英文单词。那么，我就将教室里的各个事物都贴上相应的中英文单词贴，比如门（door）、窗（window）、椅子（chair）、桌子（desk）、墙壁（wall）、书（book）等。让学生在全语言的环境中得到学习，降低了学习难度，激发了学习兴趣。

还要粘贴孩子们给自己制定的每个学期的目标，展示孩子们各个学科的任务，让孩子们明确自己的学习内容，并做好学习规划。

贴上墙的每一样东西都代表某种含义，它们的共同之处是要表达一定的精神力量，或是催人奋进，或是展望未来等，起到激励人心的作用，体现从学生中来的原则。

不脱离班级的实际，不脱离校园生活的实际，坚持更换，及时更新，只有每个学期都呈现动态螺旋上升的改变，学生才会悦纳这样的班级文化。如果连年不更新，学生和家长都会觉得陈旧老套、千篇一律。

班级布置好之后，要引导学生去看一看、读一读。把每一面墙上展示的意义和学生讲清楚，并让学生自觉遵守和达成。很多班级的班容布置很漂亮，花费很多时间和财力，但学生视而不见。比如图书角粘贴着生动的卡通提示"请爱护书籍"，可是班级的书籍在每次阅读结束之后都"尸横遍野"，新买的书过不了几天就成了"残兵败将"，这说明挂在墙上的东西，未必有人看。让学生学会观察自己学习生活环境的同时，还要理解班级文化，吸收、领悟、内化、升华并且实践之，这样才能真正一草一木都育人，真正达到"让每一面墙都能说话"。

从立面、景观到桌椅，直至标识，都应具有一致性和延续性，都应让学生获得满满的拥有感，让他们意识到：我的空间我做主。主人翁精神的产生，是促进学生良好发展的前提。

我们在这样的教室里学习、生活，舒适安然。不同的节日，我们还将其打扮成不同的美丽样子。主题化活动，是我们在班级里最欢喜的样式。六一儿童节和元旦，我们将教室装扮成乐园，气球、窗花、零食，以及精彩的节目，深深刻在孩子们的脑海中。

瞧，下面是我们暑假的结业仪式。我在同学们的建议下举行了"森林剧场"，教室里都是"森林"元素，每个孩子扮演不同的动物，有的戴上动物帽子，有的穿上动物服装，在演出关于动物的故事。

利用这样的空间，教师要引导学生感受四季的轮回、节气的转换。所以，我们专门设计了一个角落展示二十四节气传统文化，让学生看到不同节气里瓜果的成长、植物的变化，感受生命的多变与美妙，体会到珍惜的意义。

让空间成为学校的"第二位老师"，让孩子在其间调节身心，享受学习的过程，释放所有的天性，找到灵魂的安放点，那么这间教室的打造就是成功的。

让学校的每一面墙都开口说话，这是教育家苏霍姆林斯基的一个著名观点。我认同这样的观点，并主张教室里的每一块砖都是孩子们的。这份尊重和认可，让孩子们确认了这份踏实的拥有感，有了安全感，确认所有权，会更加激起他们当家作主的愿望。

2. 情绪调节师：
教室色彩美育

经过一间教室，有时会发出这样的惊叹："这间教室真舒服，给人感觉真好！你看，他们选择的窗帘颜色、书柜色彩、画作装饰色，都很和谐。"而往往坐在这种教室里的孩子学习时情绪高涨，休息时安安静静。

有时会发出这样的讶异："这间教室怎么乱糟糟的，让人感觉很烦躁。大红大绿的颜色把教室装饰得像个万花筒，太刺眼了。"而处在其间的孩子，上课也是乱哄哄的，各项表现欠佳。

打开一间教室，等于打开了一个国度。心理学家认为，人的第一感觉就是视觉，而对视觉影响最大的是色彩，于是色彩在这个国度发挥着非常重要的作用。上述案例中的两间教室会给人不同的感受，就是因为色彩使用产生的不同效果。"色彩本身是一种形象艺术的浓缩语言"，不同的色彩会令人产生不同的情绪、情感、意志的反应。英国、芬兰的科学家研究认为，色彩对人的情绪的确影响很大，色彩作用于人的感官，刺激人的神经，进而在情绪心理上产生影响。

这个世界的色彩如此斑斓，红橙黄绿青蓝紫呈现在万物上，丰富了视觉的感受。所有的色彩都有自己的语言，他们都在表达着情感。一间具有美好色彩的教室能触发学生内心的良好情绪，能给孩子提供愉快和专注的学习空间。

一间教室除了有光的氙氲外，还有墨绿色的黑板、白色的墙、米黄的书柜等。每天孩子们早上七点多到教室，直到下午四五点才离开，这也是他们的第二个家，承载着生命成长的意义。这里的一切都在潜移默化地影响着孩子们，是孩子们日后回忆中抹不去的空间记忆。

小学教室色彩可以是丰富的，但不能艳俗，须有品位，而这非常考验一个班主任的审美能力。教室的天花板、门、窗、地面、课桌等都是统一且固定了的，这些方面不能改变，能改变的是装饰栏、宣传栏等。对此，我秉持这样几个原则去使用色彩：

第一，让学生选择色彩的运用。这是所有原则中最为重要的部分——尊重拥有者的感受。在打造之前，要对班级的学生进行调查，根据大多数学生的意愿进行设计。"这是我选择的""班级里有我的设计"，学生参与其中，出谋划策，他们会认为自己是这个空间的主人。这会加深学生对班级建设的认可，触发学生的内驱力。

第二，色彩与教室内部环境的和谐统一。对每一个空间，在打造、设计它的时候，是充满想象和情感的。"这间教室是什么样子的"，就是这一份想象指引着你去选材择色，为接下来的行动打下基础。一定要关注色彩使用与教室内部环境的和谐，这样的设计才不会突兀。

第三，色彩自身的和谐统一。在选择色彩的过程中，一定要注重色彩自身的和谐统一，要注意不同色彩使用的比例。和谐就是一种秩序，一种美。不论教室内使用多少种颜色，给人的感觉应是一种美好和谐，而不是杂乱无章。但这也不代表着就只用几种颜色就好了，而应注意使用的尺度，把握各种颜色占比，明度、纯度、色相要接近，给人以统一感。

在坚持前面原则的基础上，我们该怎样操作呢？

其一，单一颜色使用面积大一些，对比度强的颜色使用面积要小。

选择柔和色调，比如米色作为教室布置的主色调，大面积使用它，不会有压力感。夏至，不觉燥热；冬临，不感寒冷。长久使用，没有大红大绿的热烈，却有持久的平和与温馨。有了这样的主色作为基础，再装饰教室，就不会显得花哨与杂乱。色彩和空间应该有对应关系，同一面墙上的色彩基本选择一致，同一个教室可以用同一种颜色的不同的深浅度去表达不同的功能。

其二，不同区域选择不同的颜色，但总体上要做好色彩配置。

以颜色的不同进行区域的划分，学生能够对每个区域的功能一目了然，提示学生不同区域做不同事情的同时，也达到预期的育人目标。

但这不同区域的颜色之间仍需要统一，做好色彩配置非常重要：（1）单色配置，比如用同一颜色通过明度、亮度的不同来配置，如米黄色、淡黄色、深黄色使用在同一区域的不同板块上，协调而不失活泼；（2）类似的颜色配置，通过明度和纯度的不同进行配合，比如黄、绿、橙都带有黄色调，容易达到和谐统一；（3）对比色之间进行配置，比如红、黄、蓝三色进行配合，红的会更红，蓝的会更蓝。

其三，同 材质使用率高一些。

假设需要原木，那么在使用时还其本来色彩，这是比较自然的选择。同一种颜色在不同的物体上带给人的感觉是不一样的，比如米色的布和米色的纸给人的感觉是不一样的，这跟我们的生活经验有关。

每个节日，我会在班级里注入不同的色彩元素，从而营造节日氛围。寒假的结业仪式上，我会悬挂孩子们亲手制作的灯笼，红灯笼、黄灯笼挂在教室的里里外外，教室门口粘贴孩子们自己写的对联，就能感受到中国年味。还要适时地摆放三角梅、蝴蝶兰等植物，让孩子们感受到不同色彩和谐呈现在同一时空的美好，从而养成良好的审美力。

教室内外，走廊前后，都是我们制造美的地方。我们在走廊上就专门使用黄色调打造童话小王国：迷幻的南瓜帐篷下藏着玩偶，小朋友们坐在其间，抱一抱玩偶，就会将学习的劳累一扫而空，真暖心；笑脸式圆形展示台上装饰着黄、白两色气球，台子上还展示着孩子们的小作品、小心愿，真可爱；还有春日物语版块，绿叶衬托红花、紫花、黄花，摆在小车上、架子上，很夺目，和着背景"欢迎来到109灵驹中队"，更美丽。

每个学期根据时节更换走廊展示主题。有时候是"我和春天有个约会"主题，墙面上的《咏柳》诗句呼应着窗外的杨柳依依，诠释着春日永恒的美

好。面对走廊，最左边的是休闲放松区，营造了春日出游的温馨场景。最中间设计的是"春田花花"子主题下的"种子研究院"，展示着在美好的春天播种下希望的种子。还有春天的蔬菜和五颜六色的鲜花装点我们的"春田花花"，呈现一番生机勃勃的景象。最右边的是孩子们"和春天约会"的剪影。

家是什么样的，教室也可以是什么样的。未来的教育更注重人性化，更兼顾个体的感受和发展。教室不会仅仅是几十个学生端坐在桌椅后，整齐划一地盯着黑板听老师讲课的地方，还可以是休闲娱乐的地方，它的功能会将目前众人对教室的理解视域打开，回归到与生活一体。当然这个设计要进行变化，变化会产生不同的美。

蓝色的天空、鲜红的花朵、金色的太阳……看到这些大自然的色彩，就会联想到与这些自然相关的感觉体验，这是最原始的影响。利用不同颜色的特点来装扮教室，调节孩子们的情绪，这是正确的选择。

3. 流动能量场：让每一面墙都说话

总有班主任向我抱怨："我们班级已经布置得很美观了，墙体文化做得很精美了，但是我感觉把精力花错了地方，好像对班级建设没什么帮助。"

有些班级布置得并不美观，但是学生却很认可。我采访了他们的班主任，她说："每一次班容班貌的布置，我都让孩子参与，并尽量在墙体上展示每个孩子的作品。"

马克思说："人创造环境，同样，环境也会创造人。"建筑虽无声，却用其独特的语言跟人们交流。一间小小的教室，对孩子们而言，不仅仅是学习场所，还是精神故乡，它起着润物无声的作用。我们利用环境心理学进行教室空间组织，从墙体布置开始打造教室物理空间的最优心理体验。

墙体文化，是班级必要的文化，它能打造班级流动的能量场。我们要让教室里的每一面墙都说话，说出激励孩子们内心的话语。墙体文化的打造，需要从学生生活实际出发，需要呈现孩子们共同生活的愿景。

我在班级黑板的左右两侧或教室大门等这些醒目的地方，设置固定的班级公告墙。在上面粘贴集体照、班训、班级口号、班级公约、班级制度、班级目标、功课表、作息时间表等，让孩子们每天都清楚明了班级事务，并构建师生共同生活的密码。

设置文件展示墙，上面展示孩子们的作品。分成多个版块，可以是孩子们作的画，也可以是原创的文章，还可以是书法作品。每个月更换一次，让每个孩子都有展示自己的机会，确认自己存在于班级中的价值，从而让孩子们生发对集体和对自己的认可和喜爱。

当然，文件展示墙不仅具有展示的意义，还拥有强大的激励意义。我会在这里面设置"班级名言警句"栏目，专门展示学生说的特别有意义的话。虽然他们处于成长中，但并不代表他们没有深刻的思想、成熟的视野。

比如，"当你想退步的时候，没有人能阻拦你堕落的步伐；当你想进步时，也没有人能阻挡你前进的步伐。"这句小学六年级学生说的话，充满哲学思辨性，十分励志。我将其展示在班级的墙上，对于被展示的学生是一种激励，对其他学生来说也意义非凡，他们不但能从这句话中得到启发，同时也产生去思考生活、创作生活的动力。

除了名言警句，还要展示学生个人风采。可以展示他们自己设计的个人名片，也可以展示他们喜欢的个人生活照，还可以展示大家在集体活动中的照片。每位学生都能拥有在风采墙上展示的机会，从而让他们感受到班级是他们的，确认自己是班级的主人。

师生互动墙也是必要的设置。灵活的空间布置能够促进师生互动，提升学生学习体验中的幸福感。利用一面墙展示师生一起完成的乐高拼图、师生之间的合影、文章的交流等，让生动的墙面成为师生关系连接的纽带。

主题树也是激励孩子的一块阵地。根据不同主题，设置不同的主题树。感恩月，在上完感恩主题班会课后，让孩子们将自己写给感恩对象的话语，如写给父母、同学、老师的话语，一一粘贴到树上，打造"感恩树"，让孩子们学会感恩。学雷锋月，孩子们做的点滴好事都要记录到便利贴上，然后粘贴到树上，于是有了"善行树"，激励孩子们多行善举。不同月份做成了不同的树，这些最终会成为孩子们心中的"荣誉树"，成为班级良好风气的"导向树"和班级学生良好行为的"目标树"。

这样布置墙体文化，让教室这个固定的环境流动起来，看不见的文化给孩子们带来了很强大的精神能量。生命在其间悄悄成长。

在教室布置过程中，学生承担的角色是随着年级不同而占比不同。学生年级越高，参与度越强，最终成为主导者。当学生到了高年级，尽可能地放手让孩子们自己去打造教室，这应是墙体文化的宗旨之一，跟班级管理的宗旨一致。

当老师意识到应该把主动权让给学生的时候，其实就发生了一个重大理念的转变。让学生在老师的帮扶下布置，让他们去做班级墙体文化的管理者，锻炼他们的动手能力，也锻炼他们的组织和管理能力。每个学期班级墙体文化选择什么主题，可以让学生自己去做好整个班级的"民意调查"，做好筹划、规划，并付诸行动。

遇到节日时，学生们会提早把教室打造成适宜的风格。如读书节即将到来，就在班级里突出阅读的墙报、更换新的图书、做好图书漂流登记、组织跳蚤市场以书易书等。充分相信学生，这就是积极的班级生态环境创造的基点。培养怎样的学生、创建怎样的班级这类问题应与教室布置联系起来，要与创造班级生态圈结合，为追求更好的教室生活和学生成长远景服务。

但是，并不要求将教室的每一个角落都填满，请记住：让教室墙壁有20%～50% 的地方空着，这能改善教室环境。

人本主义心理学强调，个人行为主要决定于其对世界的直觉和看法。打造良好的班级环境，让学生从其间感知、获取信息，以调整各自的行为和努力方向，使之朝着打造一个积极的班集体发展。

4. 凝聚力集结：
班级 logo 的精神力量

一些班主任说："当班主任太辛苦了，只要班级纪律管好了，就有很强的凝聚力了。"

也有一些班主任说："我的班级就像一盘散沙，学生总是没有凝聚力。"

有的班主任认为班级凝聚力是一建班就拥有的，实际上需要班主任借助一定的载体、采用一定的方式方法才能形成。

荀子说："和则一，一则多力，多力则强，强则胜物。"可见，凝聚力对团队建设至关重要。教室是个兼有硬文化和软文化的地方，桌椅、墙面、书柜这些是学校统一配备的硬件，而班徽、班旗、班刊、班服等，这些软件是老师和学生可以主动选择的，它们是班级物质形态的标志，是提升班级凝聚力的重要元素。

美国社会心理学家利昂·费斯汀格（Leon Festinger）认为，班级 logo 能使班级成员形成团体内的合力，也就是一种人际吸引力。这种吸引力与力学有一些相通之处，比如一个人玩"流星球"时，"流星球"围绕手转动，手就是中心点。那么团队凝聚力的中心点是什么？就是团队对所有成员的吸引力。

每个班级特有的文化都是从软文化建设开始的。取班名、设计班徽、制作班旗、出班刊等，一切以班级为核心开展的文化建设，才能突出班级的"组织合力"。

2021年9月建班之初，我邀请全班学生及家长集思广益，为班级精心设计班名、班徽及班级形象。每一个人都化身设计师，每一份设计都有特殊的含义，他们的创意设计让班级文化内涵展现在方寸之间。

经过一个月的努力，全班同学齐心协力，不断对比、修改，独一无二的班名、班级形象与班徽都成功诞生了。根据班级大多数同学的属相——马、羊，109班命名为"灵驹中队"。班级形象以杭州亚运会吉祥物"琮琮""莲莲"为基础进行设计，结合学校"一班一国"文化，两位身穿朝鲜特色服饰的小福娃落于纸上，活泼可爱，别具一格。而班徽以文字"九"为设计灵感，使之变成一个跑步的人，奔跑在彩虹色的道路上。右上方是由"奥"演变而来的一轮旭日，意为109班的同学们在奥体实验小学的阳光下，向阳而生，奔跑向前。

109班的福娃形象诞生后，我们还推出有趣的福娃形象系列班级产品：以橙黄为底色背景的课桌贴，中英文名相结合，清晰明了；每个同学都有自己的姓名贴，可以使用在任何学习用品中；专属109班的钥匙扣，统一挂在书包上，既可爱又实用；班级特有的文创产品在"六一"跳蚤市场上交易，赢得了其他班级同学的称赞。

班级的文创产品是经过全班师生的精心设计和选择的，不仅精美，还有特殊的内涵，体现了孩子们的审美水平。

班级的文创产品也可以解决班级里学生的实际困难。同学们偶尔没带水杯的时候，就用 109 班出品的兼具艺术属性和文化属性的高颜值水杯；班级里有学生经常忘带雨衣，我们就设计带有班级 logo 的雨衣，让孩子们感受到集体的关怀，感受到学校的温暖。

新冠疫情期间，我们设计了班级专属口罩，以蓝天为底色，班级 logo 镶嵌其中，简洁活泼。小小的设计表达了大家内心的企盼：愿疫情早日结束，每个孩子都健康成长。

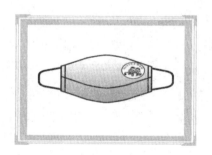

班级 logo，不仅是一个标志，更有助于学生对班级产生认同感、自豪感和归属感。它能够增强班级凝聚力，增进学生间的了解和信任。

5. 期望之帆：班名扬起

很多班级没有班名，直接以学校行政班命名，比如201班或者二年级（5）班。有的老师觉得没有必要另外取班名。

有的班主任虽然会给班级取班名，但很随意，缺乏班级文化建设的意识。

支持性的教室心理环境，即活动中平等的、互动的、和谐的同伴关系、师生关系能够满足孩子们的情绪、情感等社会性发展需求。它能够提高师生良好的心理适应性、社会学习能力与平衡健康的身体状态。班级作为社会环境中的一种，它的支持性表现从班名的选择开始。班名，代表了班级的特性，也代表了班级的期望，能让孩子们扬起期望的风帆。

取班名需要征求每个同学的意见，全班集思广益之后，确定一个富有特殊意义的班名，里面蕴含着班级的口号、精神力量、将来要达成的目标等，把班级文化建设的核心理念展示出来。

不同的班名代表不同的寓意，承载不同的期望。向上少年班、向日葵班、大拇指班等，这是我不同时期任教班级的班名，都是根据班级的具体情况自主命名的。

可以根据班级要打造的精神力量来取名。大拇指班的寓意是人人为我班竖起大拇指，强调班级人人都要力争上游。每当班级学生或者集体获得荣誉的时候，我和学生就会竖起大拇指说："我们是神奇的大拇指 1 班，人人都是榜样，事事做得精彩。"这个班级的确在各个方面都获得了不错的成绩——运动会六连冠、朗诵比赛每年都获得县级及以上 等奖、各科成绩也名列年级段前茅。班名的积极意义，不容小觑。

向日葵班的寓意是班级里的每个学生都朝着阳光的方向努力成长，欣然盛开，这是根据某个事物的寓意而取名的。那时，我们班植物园种植的就是向日葵，孩子们每天都会去管理植物园，我要求他们每天记录下向日葵的变化，感受向日葵向阳而生的力量。于是，班级的班容班貌布置、班刊班报里就用到了向日葵元素，班级特色凸显出来了。孩子们从中感受到了生命的力量，感受到了积极向上的力量。

向上少年班的寓意是每个孩子要"好好学习，天天向上"，这是依据志向命名的。像宏志班、火箭班等，也是以此来激励和引导班级健康发展的。

班名的取法多样，有的依据年级和班级序列来取，有的以地域命名，还有的以班主任名字命名。但无一例外的是，都代表着一定的期望，指引班级积极发展。

集体活动时都要使用班名，不但让班级内的每一个学生都认同，还对班级起到了宣传作用。下图是我们灵驹班的姓名贴，把班名融入学生的具体生活中，看得见，用得着，学生感受到了集体生活的美好。

姓名： 冯夏阳

班级：2021级9班

学号： 42号

在全校的展示会场上，我们班级展示的每一样物品，都带有班级独有的元素，让每一个同学都知道是从我们班级交换得到的礼物。这是一种特别的激励方式。

6. 拥有归属感：
班徽设计与创造

"又要设计班徽？班主任工作已经够繁琐了，不要给自己加压了。"一位班主任这样跟我说。

"班徽应该怎么设计呢？"又一位班主任向我发问。

班级生活的归属感于儿童而言，主要体现在自我身份的认同上、积极参与班级生活的意识里、对班级公共生活的体验感悟中。著名的存在主义心理治疗学派学者弗兰克尔（Frankl）认为"人最终是自我决定的"，也就是说儿童想要找寻对某一组织的归属感，首先要做的就是认可自己。

依据班名而生的班徽是班级活力和荣耀的象征，也是整个班级的精神象征。班徽不能由班主任自己设计，而应让孩子们参与其中，设计过程体现出孩子们的智慧，从而让孩子们在集体中得到认可，确认能力，拥有归属感。

我们班的班徽是孩子们自己设计的，过程就很有意思。

2021年9月建班之初，我就邀请全班同学及家长集思广益，为班级精心设计班名、班徽及班级形象。每一个同学都化身不凡的设计师，每一份设计都有特殊的含义。创意设计，让班级文化内涵淋漓尽致地展现在方寸之间。

首先，广发"英雄帖"，邀请家长和学生各显神通，营造班级的"首发"

凝聚力。我发出了这样的通告：各位家长好！ 109 班已经集结完毕，班级初步建设规划已经完成，接下来是集思广益的时间了。请同学和家长们群策群力，设计班名、班徽、班级形象等，图文结合，适当用文字阐述，期待大家的精彩创意！最后我们选择最合宜的使用。上交截止时间为 9 月 10 日。

通告一出，孩子们、家长们纷纷行动起来，上交的作品细致而丰富。不但有班徽的样式，还加入了班级口号、班名等，这些属于系列班级文化作品了。

王皓晨的作品有着浓郁的书香气：

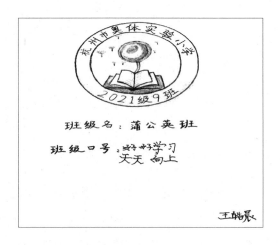

孟令闻的作品体现了"9"字元素：

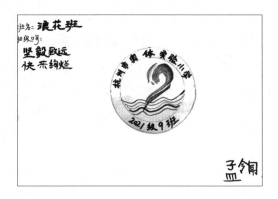

接下来，我和各科任老师对作品进行海选，挑出比较满意的作品之后，

在教室里和班级公众号、微信群里展示，并让这些学生进行班徽的二次创作活动，推出了以下菜单：

主题愿景：愿每个孩子如同一匹骏马，热烈奔放，积极进取。长大后能成为一个让自己获得尊严，给他人带来幸福的人。

活动内容：完成班徽设计图，并取个好听的名字，设计理念、含义可以由孩子口述家长代笔。也可以电脑画图的形式呈现。

有了上一次的经验，再加上这次主题愿景和活动内容的提示，孩子们上交的作品就更加生动了。通过全班同学的投票表决，评选出了"三星"优秀作品。

王虞阅作品展示：

杨梓豪作品展示：

虽然有了比较优秀的作品，但这些作品还是存在不足，于是我们集合了这些优秀作品的优点，让王虞阅同学进行第三次创作，要把学校和班级的特色元素都融合进去，达到优化效果。这样就有了我们正式班徽的图样：

班徽说明：以文字"九"为设计灵感，使之变成一个跑步的人，奔跑在彩虹一样的道路上。右上方是由"奥"演变而来的一轮旭日，意为109班的同学们在奥体实验小学的阳光下，向阳而生，奔跑向前。

来自不同成长环境的孩子获得的社会文化经验是不一样的，所以会对班级这个共同体有不同的理解，但在差异中找到对班级文化更好诠释的设计是完全能够做到的。

最后，班主任可以经过全班学生的投票之后，选择最优秀的，如有必要，可以再做修改，即可确定班徽。很多老师看重最终班徽设计的好坏，这是可以理解的，但更应该关注每个孩子参与的过程，使其确认自己在这个集体中，并能拥有归属感，这才是育人过程中最重要的环节。

7. 激荡心灵：班歌创作与传唱

　　"玉苍山麓，横阳江畔，琅琅书声犹如弦歌飞扬。阳光绿苑，书香校园，晨诵午读成就学问生涯。讲台上，言传身教，师爱本浩荡。讲台下，文章气节，少年图自强。绿苑绿苑，人文的校园，和谐的校园，金色童年起飞的地方，金色童年起飞的地方……"这是苍南县第一实验小学的校歌，每当音乐响起，旋律一出，全校师生齐歌之，那一份"校荣我荣"的集体自豪感和凝聚力自然流淌，一起经历的学习时光，成为岁月珍贵的礼物。

　　现代科学研究表明：音乐可以通过人的听觉作用于人的大脑边缘系统及脑干网状结构，调节大脑皮质，对人体的内脏活动及情绪与行为有良好的调节作用。当音乐声波作用于大脑时，会提高神经系统的兴奋度，促使人体分泌有利健康的物质。比如，优美的音乐能促使孕妇分泌一些有益于健康的激素酶、乙酰胆碱等物质，起到调节血液流量和神经细胞的作用。

　　班歌能连接起共同生活在一个班级里的师生的情感，具有很强的凝聚作用。一个有文化意识的班主任，一定不会认为班歌是可有可无的。

　　班歌谱写和选择需要契合班级的气质，也并不一定所有的班歌都是原创。当下流行的歌曲若是比较符合班级的实际，能正面影响学生，切合学生身心发展，是学生喜欢的，那么就可以为我所用。比如齐豫的这首耳熟能详的《梦田》：

> 每个人心里一亩一亩田，每个人心里一个一个梦
> 一颗呀一颗种子，是我心里的一亩田
> ……
> 用它来种什么，用它来种什么
> 种桃种李种春风，开尽梨花春又来
> 那是我心里一亩一亩田，那是我心里一个不醒的梦

词作者三毛只是用简单易懂的词句，就阐述了梦想的美好，阐述了梦想对于一个人的激励作用。每个人都怀着梦想前进，未来可期，这是美好的人生。假若没有梦想，形同僵尸，生活的趣味全无。为心中的梦想付出汗水、辛勤耕耘，收获时才无比甘甜。这样的道理，在简简单单的歌词中，在轻轻松松的旋律下，铭刻在学生心中。每当这首班歌响起，班级里的孩子们手之舞之，足之蹈之，气氛洋溢，这比空洞的说教更有力量。每首班歌的灵魂是这个班的师生共同缔造的。

可以供各班拿来即用的歌曲是很多的。如果班级学生和老师能够自主创作，那自然更好。我们班在建班之初，举行班歌歌词创作大赛，发动学生和家长去构思。创作之后全班学生提意见再修改，定下词之后，再请音乐老师谱曲。或奔放豪迈，或清新明快，或优雅沉稳，谱曲之后，让全班试听提意见，对这些出自自己内心的音乐，学生一定会悦纳。这是我第一届的学生创作的歌词：

> 2004 年的深秋，我们遇见在向上班。
> 每个人都是一朵向阳花，天天努力，积极向上。
> 你拉着我的手，我拉着你的手，我们互帮互助，天天向上……

不同理念下创作的歌词都是不同的，但都会产生一定的积极作用，或催

人奋进，或教人求真，或表达情意。

还有班级请名家帮忙写班歌，也是不错的选择。

因为阳光，我们开放；
因为雨露，我们成长。
葵花、葵花，开放、成长，
我们是明天，我们是希望。

我们给生活，送去花香；
生活给我们，送来书香。
葵花、葵花，花香、书香，
花香里有诗意，书香里有光亮。

我们的开放迎着太阳，
我们的成长怀着梦想。
葵花、葵花，太阳、梦想，
太阳在歌唱，梦想在飞翔。

这是著名诗人、儿童文学作家金波先生为北京小学"葵花五班"所写的班歌，从该班班名入手，朗朗上口，生动形象，适合小学生吟唱。不断重复葵花，孩子们永远记住了这个歌词，那么他们就会形成对这个班级强烈的认同感。"我们的开放迎着太阳，我们的成长怀着梦想"，歌词寄予了对孩子们成长的希望，在书香浸润下，展翅高飞。

创作了班歌，班级还会举行"班级十佳歌手"比赛，通过这样的方式让同学们学会班歌，同时培养音乐素养。然后排练成节目，参与校内外的歌唱比赛，让孩子们的能力得到锻炼。

班歌，就是班级的一面文化旗帜，在班级各种活动中都可以使用，这种班歌是长期使用的。但也有临时性的班歌，比如一些应景之歌。例如，在举行"感恩母亲"的班会课上，再使用原来的班歌有点不贴切，那么这个时候选择《感恩的心》这样的歌曲全班齐唱更有效果。再如教师节，每当上课铃声响起，全班同学齐唱《长大后，我就成了你》这首歌去表达对每一位科任老师的节日问候，拉近师生之间的距离，温暖了记忆。

有时，我也会让校歌成为班级的主打曲。已经毕业的学生陈子琦在《绿苑六载，感恩一生》的文章中这样写道："还是忘不了《绿苑弦歌》……歌声浩浩荡荡地徘徊着，萦绕在我的耳畔。"可见，基于学校、班级谱写的歌曲经常吟唱，能深深浸润孩子的心田，成为孩子灵魂的气质根脉，成为他们远行旅途中的"家乡山水"。所有同唱过这首歌的孩子，会彼此支撑，彼此鼓励，彼此见证。歌曲成为凝结彼此情谊的纽带。

班歌的传唱，不仅仅为班级文化建设服务，还可以缓解学生的情绪。歌唱是高级的心理活动之一。现在学生的学习压力很大，需要一个途径去解压。音乐不仅可以解压，还可以陶冶情操。歌唱班歌，不但能提升学生个人的积极情绪，还能提升整个班级的精神风貌，疗愈孩子们的内心。

大声唱吧，唱出你的热情，唱出你的精神，让我们一起拥抱美好的明天。让班班歌声飞扬，让校校音乐萦绕，让每一位学生生活在以美为核心，感于情、悟于德、通于智、和于心、稳于意、践于行的音乐中吧。

8. 引领方向：
班旗构筑理想

每当升起五星红旗，每个中华儿女都会情不自禁地肃然起敬，唱着国歌，看着国旗，有时甚至忍不住落泪。一种民族自豪感，一种国家认同感，此时此刻都会充满内心。

不仅是中国人，全世界各个国家的人们看到自己国家的旗帜都会有相应的情感产生。

积极心理学的观点之一：幸福除了快乐，还有意义。这句话也适用于班级集体品质养成。于是，在班级建设中，我会将各种文化建设意义化，比如班旗的设计与选择。

无论是过去还是现在，旗帜都代表着一种信念。《广雅》中说："熊虎曰旗。"在原始社会中，各部族将这些动物图形绘在旗帜上，希望自己能够由此获得力量。所以，班级需要设计班旗，让它引领全班学生的成长，成为这个集体精神的标志。

我先和学生商量班旗里面要呈现怎样的班级文化、班训、班级特有的logo（班徽），以及主要的色调是什么等。大致内容确定之后，可以先在班级学生、科任教师和家长之间开展征选活动，将特别优秀的作品挑选出来，让各个设计者阐述自己的设计理念。然后利用班级的微信公众号投票，集合全班学生、家长和科任教师的三方投票结果，最终决定选择某个作品。

如果学生的作品已经很成熟了，就不必再请人修改。假若学生的作品需要完善，那么请学校专业老师给予帮助，也可以请社会专业人士帮忙。

2021年，我迎来了个人教学生涯中第五届一年级学生，班级里的学生大都属马或者羊，我让同学们画出自己心目中班级的吉祥物及班旗的样子，很多学生上交的作品中都有马，班旗的样子多以黄色为主。于是，我融合了大家的意见，将班级的班旗设计出来。

"灵驹中队"这个班名表达了孩子们的想法，他们要求自己锐意进取、灵动活泼；"少年壮志当拿云"的口号也是孩子们自己提出的，他们有着远大的理想和抱负。

班旗是班级形象的象征，是班级荣誉的标志，要保管好、使用好班旗，要像对待自己的名誉一样珍惜、维护班旗的荣誉，在班旗的指引和感召下，努力去做最好的自己。在班旗的指引下，牢记学期初定下的学习目标，勤奋学习、扎实进取、文明礼貌、快乐成长，以自己的全面发展为班级增光添彩。

要设置专门的班旗摆放位置，要找既安全，又能让同学们天天看见的地方，于是我们选择正门后面的角落，用固定卡扣卡住。当同学们走出教室的时候，班旗就被门挡着，保证了孩子们的安全；当门被关上的时候，孩子们抬头就能看到班旗，那么班级的向心力就被激发出来。

班旗还需要日常管理和养护，如果没有指定专人负责，就可能成为一些同学课间的"玩具"。所以，选拔品学兼优的旗手，是件非常重要的事情。根据老师和同学的意见，我们选定了男女生各一名旗手，特制了一套旗手服装，还对他们进行稍息时执旗、行进时握旗的训练。旗手要按规定方法握旗，即双手握住旗杆指定位置，竖直拿放在胸前。班旗由旗手负责日常使用和管理，未经班主任允许，其他同学不得使用。

每当集体活动的时候，这面班旗都会由班主任授旗给旗手，这种仪式会让孩子们对这个集体的象征充满了敬畏之心。然后旗手庄严扛出班旗，走在队伍的最前列。

班旗是班级的象征，是要在活动中被拿出来招展的旗子，是班级最独特、最显眼的标志。春游的时候，孩子们会跟着这面旗行走，即使走散了，只要看到鲜艳的黄色在前头飘动，他们就知道自己的班级在哪里，就能跟上队伍；运动会开幕式时，孩子们会喊出自己响亮的口号，在大面班旗下，挥舞着手中的小面班旗，展示每个人的风采……

上图居中的就是我们的班旗。我们在运动会开幕式上围绕着"国旗""班旗"进行了"我爱你中国，我爱你灵驹班"的主题表演，每个孩子都参与训练和展示，赢得了全校师生的好评，获得了级段唯一的优胜奖。孩子们大受鼓舞，对自己班级更加认可，对班级生活更加悦纳，对学习也更上心了。

　　旗在，班在。即使孩子们毕业了，还有人争着要将班旗收藏。这一份力量，会一直温暖着他们，告诉每一个在这个班级生活过的孩子：我们永远是一家人。

9. 疗愈内心：班刊的力量

很多班主任问我："打造班级文化最有效的途径是什么？"

我毫不犹豫地回答："创办班刊！"

从现代认知心理学的角度来讲：文学创作和欣赏可以使人产生高峰体验，忘我的创作和忘我的阅读都能达到马斯洛所言的"充分、忘我、集中全力、全神贯注地经历生活"的状态，有益于内在的完善和疗愈。于是，我在班级中搭建学生写作平台，让学生从中获得力量。

创办班刊能促进学生写作水平的提升，虽是一件累人的事情，但这是一种甜蜜的负担。对于学生来说，能把自己的文字呈现在班级的刊物上，意义非凡，甚至可能激励他们整个人生对文字的喜爱。

一开始，因孩子们识字量有限，我常让孩子们做手抄报，让孩子们多认字。简单来说，手抄报文字与图片并存，孩子们可以根据布置的主题来确定内容。

李恩慧同学的《识字小报》是动物主题，上面罗列自己认识的动物图片及文字。温在悦同学是以自己认识的药物名称以及熟悉的买药途径为内容做了《识字小报》。

一年级下学期，孩子们认识的字多了，能够在粘贴画上添加一点平时生活中同学们积累的小故事或小笑话，小报仍是以图片为主的形式，附加简短文字，主要采用明亮一点的颜色。

二年级开始，我就让孩子们在 A4 纸上画连环画，配以简短的文字，制作小绘本。

二年级下学期，我觉得时机成熟，就着手开始准备出班刊。

我的第一份班刊《展痕》出自 2002 年接手的班级，现在回望总觉得稚嫩。那时对小学生了解甚少，刊内栏目所取之名着实令学生费解。印象深刻的是《左手缪斯》这一栏目名，孩子们用那澄澈的眼睛望着我，一脸茫然：什么是左手缪斯？

仔仔细细，认认真真，连一个边框用什么花样也要思忖良久。就是靠那份初生牛犊不怕虎的豪情，毛毛糙糙中居然也做成了班刊。当然也得感谢班级各科任老师们的慷慨相助：林成奎大师及其爱人不吝才华，设计了刊物封面；有位学生家长还帮忙联系了印刷店。

当《屐痕》发到同学们手中时，这些小家伙的眼睛发着金光，还记得学生雷健抱着它"哈哈"地在教室里笑了很长一段时间，看了又看，摸了又摸。第二天，有家长反馈说孩子抱着班刊睡着了。就为这一刻，熬夜的辛苦，校稿的纠结，都烟消云散。我彻底爱上出班刊了。班刊给师生们带来的那份喜悦，应该就是积极心理学所说的"心流"。

带第二届学生六年，坚持出班刊《萌》。观其名，就知其义，若春日里草木萌动，一派生机。《萌》一学年出一期，起初以报纸形式呈现，后以整本书示人，每一期都伴随着孩子们对此刊的喜爱，老师们的倾力关注，家长们的全力配合。

在班刊的滋润下，唐如意的文章获得全国小学生征文大赛一等奖，陈琼、陈澄等同学的文章获得温州市小学生征文比赛一等奖。《萌》至今还珍藏在我办公室的柜子里，自己时常翻阅，孩子们来看望我时也总会再次翻阅，每次翻阅时，时光一下子就被拉到从前。班刊，不仅仅能触发孩子们对文学的喜爱，还是他们精神成长的见证，更是一份对岁月的总结。

后来，我迎来了第三届学生，班刊仍是一盘家常菜，活跃在班级文化中。这一届若还是走老路，出班刊就缺乏新意。于是从刊名开始改革，由科任老师和学生及家长拟出几个合适的名字，然后全班投票产生《向阳花开》作为班刊名，这一小小的举措深深地吸引了孩子们。

根据不同年级学生的特点，我用了不同的运作策略。一年级时，每个学生都有文章上刊，意在鼓励每个孩子都动笔。二年级时，以文章入班刊可获得"奖学金"作为激励的手段，尽管只是班级奖励券，然这一份喜悦却撬动了孩子们对习作的喜爱。三年级是习作的关键期，出班刊前，要求每个同学都将自己的文章在班会课上晒一晒，进行全班海选。四年级开始，成立班刊编辑小组。

五年级了，编辑们已是行家里手了，给出了很多建议。于是，新学期第一期班刊，前封面是我班才女林悦的软笔书法，内页刊头和后封面是我班硬笔"书法家"许翰杰的作品。目录的编排、图案的选择，都很符合他们自身的特点。班刊内的文章也是精彩纷呈。

印成册后，编辑们认为不但每位同学要人手一本，还要送给各科任老师、学校领导，以及他们所认识的好朋友；此外，他们还要在校园里叫卖班刊，将班刊文章拍成照片，发在班级公众号、微信朋友圈中宣传，QQ头像改为班刊图案等。看来，编辑们不但完成了编辑的任务，还学会了宣传和推广。

我们创办班刊的做法还被苍南新闻网、苍南教育网等多家媒体报道，孩子们更加热爱文学创作了。手捧自己的作品，细细品读，内心激荡着火花。

现在再接手新班，我对于班刊的创办仍热情不减，但已经提高要求，希望在他们毕业之前，可以出一本自己的书。

少年文学之星、未来文学家、省征文比赛一等奖……孩子们对写作的喜爱在不经意间增长并收获了成果，他们写下的每个字都是一朵花，是生命的姿态。

写作不仅让同学们释放压力，疗愈内心，还让他们找到前进的力量，以积极的步伐探索未来之路。

10. 精神总谱：班本课程的非物质功能

　　凡事预则立，要培养学生积极的品质，不能零敲碎打，而应设计一套完整的实践活动，并能形成班级相关体系，拥有序列，从而落实目标。于是乎，就能左手执情，右手捧爱，利用班本课程和各类活动在教室这方小小的天地里构筑孩子们的精神家园。

　　积极心理学奠基人米哈里·契克森米哈赖（Mihaly Csikszentmihalyi）认为，几乎人类所有行动都可以有心流的最优体验：节庆、阅读、静坐、写作、思考等。于是，我在班级中打造班本课程，让学生全身心投入，争取获得最优心流体验。

　　班本课程，顾名思义，是以班级为单位，师生双方共同开发的富有班级特色的课程。班级的精神力量在课程中逐步形成，师生之间共同生活的密码也被解锁。

　　那么，班级里可以开展哪些小课程呢？我做出了这样的尝试：

　　儿童诗课程，在早读时间进行晨诵。可以以某位诗人的系列作品为晨诵内容，比如谢尔·希尔弗斯坦（Sheldon Silverstein）的诗；可以以某个主题为序列形成诵读内容，比如生日诗，每当某位同学过生日的时候，全班同学将诵读作为礼物送给他。要对所选的内容进行精心设计和编排，选择经典，保证同学们汲取的是人类文化的精华。

当然，还要根据不同年段孩子的心理特征形成序列。一年级从童谣、儿歌起步，随后是大量优秀的儿童诗和浅易五言绝句的诵读；在三四年级的时候以"在农历的天空下憩息劳作"为主题，重点进行经典诗文诵读；到了五六年级则以更广阔的视野诵读人类更多优秀的诗作，比如泰戈尔的《飞鸟集》、狄金森的《为美而死》、纪伯伦的《先知》等。

每日诵读诗歌是我和学生们唤醒彼此生命的一种方式，学生们通过诗歌培养起美好的情愫，得到温暖，建立起与外界友好相处的机制。孩子们在诵读过程中做自己的主人，大声朗读，身心投入，释放了紧张学习带来的焦虑和沮丧，身心得到调节。

阅读课程，可以借用童书课开展。一个人在少年期和青年早期读的书很大程度上决定着这个人的精神财富和对生活目的的体验。所以，从学生们第一天踏进校园，走进教室，我就开始用优秀的绘本故事滋养他们那幼小的心灵。

低年级时，我为学生们讲了一百多个绘本故事，学生们也完成了六七十个写绘作业。到了中高年级，我们共读了《木偶奇遇记》《绿野仙踪》《苹果树上的外婆》《爱丽丝漫游奇境记》《波丽安娜》《时代广场的蟋蟀》《彼得潘》《夏洛的网》等十几本童书。我们会每个月举行一次读书会，交流自己的阅读体会，分享自己的阅读方法。

每个学期我们都会精读一本书，然后围绕这本书做系列活动。比如三年级时，我们阅读了《宝葫芦的秘密》这本书，做了读书笔记，观看了同名电影，写了影评。到了春天四月，我们就在班级的种植园里种下了心中的"宝葫芦"，而后制作标签，采撷花朵，品尝果实。在刚开始结果的时候，每个同学领取一个葫芦照顾，我们会以"某某的葫芦"命名，这种联结，让孩子们产生强烈的责任感。跟着葫芦成长的节奏，孩子们去耕种、去触摸、去拍摄、去记录、去探索、去探望生命的每个瞬间。跟随葫芦的生命历程，去看它发芽，去静静等候它花开，欣赏它结下的每一个与众不同的果实。孩子们在这个过程中，真真切切地去付出，实实在在体会到这世间少有不劳而获，多是踏踏实实努力的过程。

我们还开展"宝葫芦阅读挑战赛",推动孩子们阅读积极性的提高和阅读层级的提升。大赛分三个阶段:初赛、复赛和决赛;利用微信推出勋章系统,制作了从高到低的奖励勋章:金葫芦勋章、银葫芦勋章、铜葫芦勋章;以阅读书本数量、阅读时长、阅读的想法发布量、收到的点赞数、闯关游戏等进行考核。我们有时候也会借助一些阅读App,比如"阅伴"。以三年级的阅读挑战赛为例,初赛的阅读书目是《山谷里的不速之客》《请照顾好这只熊》《小湖刚刚好》,完成阅读量的积累之后,还要进入"阅伴"闯关,通过了,我们就颁发铜葫芦勋章;复赛由"阅伴"统一发布阅读内容,阅读书目量增多,闯关难度增加了,还要发布阅读的想法;决赛难度更高了,除了上述要求均有提高之外,还要关注点赞数,做好阅读的宣传工作,吸引更多的人来阅读。

每一本优秀的童书里,都凝聚着人类的智慧。我们如果想要传达给孩子友爱、信任、勇敢、宽容、理解、责任、坚持等品质,还有什么样的教育方式比故事更能直达孩子的心灵呢?学生们读得多了,我们就举行故事会,学生们可以讲述自己创作的故事,也可以分享自己读到的故事,绘声绘色,生动感人。

传统节日课程,让学生沉浸在传统文化之中。在班级特色创建中,我以"浸润传统文化"为特色,精心打造传统节日课程,我们开展了形式多样、内容丰富的节庆教育活动。比如元宵节来临,孩子们会制作灯笼、出谜题、搓汤圆,班级利用班会课开展闹元宵活动。每个传统节日来临时,我都会对课程进行精心设计,首先对节日的由来、传说、相关习俗进行详细介绍,然后是赏析与节日相关的著名古诗、品尝传统节日的食物、穿传统服饰颂咏古诗等,并且专门设置"传统节日角",呈现这个节日独有的传统特色食品、物品等。学生在感悟传统文化魅力的同时,学会了思考、尊重、感恩、敬畏,学会了做人,感受着传统文化赋予的精神力量。

艺术节课程,用艺术培养学生的情操。每个学年,班级可举行小毛虫艺术节。同学们可以进行讲故事、弹琴、唱歌、跳舞、打快板、演课本剧、朗诵等各种才艺展示和表演。每次艺术节活动前期,同学们都会认真准备,他们满怀激情，他们乐此不疲。当他们的表演获得了老师、家长和同学们的阵阵掌声时，他们会体验到一种前所未有的幸福感，那是一种与考试得了一百分不一样的成就感。而我也想通过这样的课程培养孩子们广泛的兴趣，培养他们对艺术的追求和热爱。

对于劳动课程，国家目前也十分重视。而我在班级里一直重视劳动教育，重视对孩子动手能力的培养。

班级里可以开展劳动的时间和空间总是有限的，需要家校合作起来。学校开辟劳动基地，设立种植园，给同学们提供应季水果蔬菜的种子去耕种，然后等水果蔬菜丰收后举办市集，进行义卖活动，同学们就能乐在其中。老师布置家务劳动作业，规定每个孩子在家每天的劳动内容，然后进行家长和学生两方的评价。

期中和期末班级开展家务劳动竞赛，比如叠衣服、系鞋带、缝纽扣等比赛，以评价带动能力养成。很多时候，学生们不爱劳动，是因为缺乏劳动的氛围，也缺乏技能、技巧的引领。不知道怎么做家务，做家务有什么意义，这些可能是学生们拒绝做家务的原因。一旦学校和家庭做好引导，那么成长中的学生就会养成劳动的习惯，他们也会认识到劳动是每个人应尽的义务。

运动课程，让孩子积极地锻炼起来。现在的孩子更多的时间生活在相对狭小的空间里，活动的范围很小，这不但影响体格，也影响心理。很多学生存在行为问题，去寻找根源，会发现是因为缺乏运动，导致神经发育不良。

没有健康的体魄，一切为零。跳绳，是我班学生的必选运动项目，不管学生们的起点是什么，都要进行，只不过给出的能力要求不同。能力强的，一分钟跳一百多个，甚至更多；能力弱的，刚开始只要求跳十个左右，随着能力的增强强度加大。研究表明，跳绳能够增强孩子们的体质，增加肺活量；能在短时间里消耗卡路里，达到减重的目的；这样的有氧运动还能促进血液循环，加速新陈代谢。

当然，还建议学生发展自己个人的运动兴趣。班级里可以组建男女生篮球队，开展年级篮球联赛，学习皮划艇、马术等。学生可以根据个人的兴趣选择一种运动，但要做到坚持练习，常常运动。班主任可以和体育老师共同利用相关 App 进行过程指导、监督及评价。

　　一个班级虽小，但能做的事情很丰富。打造不同的班本小课程，坚持实施，定能写就班级的精神总谱，让不同能力、喜好的学生都得到滋养，最终成长为自己喜爱的样子。

第二章

共营生态型集体

11. 集体自驱力提升：
集体目标与个人目标交融

有班主任发问："一个班级前进的力量是什么？"

集体目标的制定，能加强团队的凝聚力。

又有班主任问："推动一个学生前进的力量是什么？"

让他拥有自发的前进目标。

还有班主任问："什么样的班级最有凝聚力？"

集体前进带动个人前进，个人前进推动集体前进。这就是个人目标和集体目标交融的结果。

管理学兼心理学教授洛克（Locke）和休斯（Huse）于1967年最先提出目标设置理论，认为目标本身具有激励作用，能把人的需要转变为动机，使人的行为朝着一定的方向努力，并将自己的行为结果与既定的目标相对照，及时进行调整和修正，从而实现目标，激发一种由内而外的生命自驱力。于个人而言，我们必须思考：我的学习目标是什么？我的工作目标是什么？于集体而言，我们必须思考：短期目标是什么？长期目标是什么？因为目标导向行为。

目标导向行为，是指为达到某种目标而表现出来的行为。目标导向理论是激励理论的一种，它是由豪斯（Howse）提出来的。目标导向理论的基本出发点是要求引领者（老师）排除走向目标的障碍，使孩子顺利达到目标，在此过程中，给予孩子满足多种多样需要的机会。

在班级建设过程中，构建关于班级实施目标导向行为的构架图如下所示：

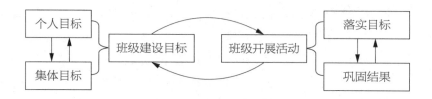

该图是从目标这个角度建立起来的班级建设思维图，其意图有三点：

其一，班级建设要有目标，个人目标与集体目标有机融合，既有差异性，又有一致性。个体依据自身特点，设定个人学期目标，使之在班级开展的各类活动中得以实现。与此同时，集体目标是借用班级这个小型社会的要求，通过不断强化外部因素的影响，去强化学生追求成功的行为，从而达到其目的。

其二，将班级建设目标和开展活动作为应用的主抓手，两个主抓手之间互为支架，活动落实目标，目标控制行为，回避失败，产生积极心理。为达成班级建设目标而开展的活动分为两类，一类为落实目标而开展，一类为巩固结果而开展。这两类活动相互联结，相互促动，从而触发学生追求更多、更大成功的动力，形成班级管理的良性循环系统。

其三，个人目标一定要先于集体目标，集体目标是外部的动力，在没有很好驱动内部动机的情况下，所有外在的奖励、强加的目标、外在的监督和评价，都可能会损害学生个人内在动机，而这恰恰与我们的初衷背离。

维克托·弗鲁姆（Victor Vroom）在期望理论中指出，人总是渴求满足一定的需要并设法达到一定的目标。这个目标在尚未实现时，表现为一种期望，这时目标反过来对个人的动机又是一种激发的力量。所以，设定合理的目标就是成功应用期望理论的开始，也是班级管理成功的开始。

目标制定之前，班主任要和学生一起理性分析班级情况和个人情况，搞清达成目标的起始点，所制定的目标要具有挑战性，同时又处在班级和个人能力的"最近发展区",让每一个学生都看到目标实现的可能性,这一点是非常重要的。没有理性分析存在的问题,学生不知道如何才能达成目标,也不知道与目标之间的差距有多大,没有前进的方向,就不会有与之匹配的落实行为,更谈不上追求成功。而以尊重为前提的个人目标制定,其长远的意义是让学生有掌控自己未来的使命感,这份使命感,让学生从他主走向自主,产生更深远的积极意义。

目标制定之后,要形成文字,用白纸黑字写下来。唯有将目标写下来,才能具体呈现在每个学生面前。时不时地,就有潜意识提醒学生和班主任:不能逃避对目标的承诺。

每个学期的这两种目标逐级提高,它呈现螺旋上升和梯度发展的状态。但两种目标在制定过程中,却各有要求:

其一,个人目标制定要具象。

每学期初,班主任让每个学生写下自己个人的学期目标。在这个过程中,班主任一定要要求目标设定结合学生自身,并要具体、细致,不能过多,不能超出自己的现有能力,不能是大话、空话、套话,目标妥帖、结合实际,才有激励性,这样达成的几率才高。然后将之粘贴在醒目的目标墙上,彰显其作用,让学生随时都可以翻阅所写目标,不断鼓励自己。目标涉及内容较广,有的是学习上的进步,有的是行为上的规范,还有的是人际交往上的改善,在这点上要充分尊重个体差异,班主任和其他学生尽量不做任何影响。

其二,集体目标制定要融合。

光有个人目标不足以支撑起班级建设的大厦。班级建设目标也要在开学初敲定,应在班会课上让每一个学生参与商讨之后确定。在确定集体目标的过程中,要指导学生将个人目标融入在内,再由集体目标发散成班级各类专项目标。当然,班级建设目标各个学期要求不同,要不断提高和提升。诚然,班级建设目标不能悬空,不接地气。班主任要将这些目标进行归纳,尽量写成顺口、押韵的句子,以便学生记忆。将班级建设目标粘贴到班级墙上,每节班会课上总结班级一周表现时,看看达成了哪些班级建设目标,就给哪个目标加星星。甚至可以写在黑板一侧,每天上课伊始,学生们先读一读。还可以抄写到书的首页上，让学生每天牢记。

目标，作为统领行为、激励行为的刺激，在制定之后，更需要一个被执行和强化的过程。在长达一个学期的时间段里，学生争取成功的表现会有起落，甚至偏离正常轨道，且处于这样状态的学生不在少数。此时，班主任就要学唐僧，念念"紧箍咒"，在这段时间内不断地重新提起班级建设目标，让孩子们牢记，这就能让目标再次产生动力，从而克服阻碍班级建设的个体或群体性的不良因素。

在达成目标的过程中难免会有惰性，难免会有情绪，我们需要借助环境、外部力量来唤醒和督促自己。班主任或者家长合宜的提醒，教室里的文化渲染，都有助于让学生沿着既定的轨道行走。

但仅有这些策略是完全不够的。

约翰·威廉·阿特金森（John William Atkinson）作为成就动机理论发展的重要研究者，认为成就行为中拥有追求成功和避免失败的双重作用，在失败过程中产生的消极抵制力量可通过施加外在诱因（如金钱、称赞）加以克服。所以在班级中搭建各式各样的平台，开展各种班级活动，让学生从中获得称赞，让这样的外在诱因克服消极力量，让目标不断得到实现的机会，由此不断激励学生追求更多的成就。

首先，与学科教学整合，目标落实接地气。

班级建设倘若只限于班级事务，那会显得无力，因为它没有附着班级生活实际的生命力。而它一旦和学科整合起来，就会变得生动、立体、丰满。学科的天地很广，它能给予学生获得进步的机会的次数和广度都高于单纯的班级建设。倘若班主任也是科任老师，那么更得有班级建设和学科整合的意识。

寻找到班级建设和学科建设的最佳整合点，显得尤为重要。举个例子，班主任借语文学科举行写字比赛，在督促学生练字以完成学科任务的同时，也让每个学生获得进步，从而完成班级建设目标。这就是一个非常好的整合点，可以让每一个家长参与其中作为评委，评出班级进步最大的学生，授予其"小小书法家"称号，给予物质和精神双重奖励。当然，与学科整合不单指与班主任所任教的学科融合，而应该是将各个学科都盘活和整合起来，从而让学生追求学习上的多方面进步，享受成功的喜悦，从而产生更大的动力去获得更大的进步，爱上学习，爱上班级，爱上校园生活。

其次，和赛事融合，目标落实有活力。

不能将学校、年段与班级开展的活动分隔开来，应让这些活动都成为班级建设的支点。班主任让这些活动与班级建设融合，将班级建设的热气球越吹越大，使学生的进步节节升高。

举个例子，某校开展"春天送你一首诗"诗歌朗诵比赛活动，在"全班遵规守纪，全体团结友爱，全力以赴学习"的班级目标指引下，全班54名学生都参加朗诵。这个活动刺激了学生参与学校活动的积极性，也使之感受到了诗歌的魅力，更为重要的是让班级每一个学生和家长感受到成功带来的喜悦。班主任在班级管理中"一个都不能少"的理念成为诗歌之外的另一个进步点。

最后，同文化接轨，目标落实要创新。

文化是班级建设的根。班刊、班报的创办也是推动孩子们达成个人学期目标、推动班级建设的重要载体。我们班级的《向阳花开》班报，第一学期，人人都有文章入选；第二个学期，由小组长推荐文章入选；第三学期，无记名投票评出此期班报最受欢迎文章、最有创意文章；第四学期成立班级编辑小组，由编辑们择文入刊。每次有文章入选班刊的同学所获得的奖励也是不同的，有时是入选证书，有时是小小书签，有时是一颗糖果。

不仅是班级建设要有目标，整个教育的过程都要有目标，"我知道我要去向哪里"，每节课、每个学期、每个孩子都要有自己螺旋上升的目标，随之而来的就是人生的改变。

总之，用目标导向孩子们的成长行为，能形成系统的建设班级行动策略，产生"多米诺骨牌效应"。目标感，是指引学生前进的明灯。

12. 个体自驱力触发：
个人目标制定与实施

"老师，我的孩子没有学习目标，随便怎样都可以。"

"老师，怎么现在的孩子学习都是被逼的，没有一点主动性？"

"同学们，你们有自己的目标吗？你们对自己未来的规划是什么？"

"老师，我们孩子都说学习很无聊，觉得每天这样学习很没有意思。"

这种现象并不是只发生在学困生身上，学霸也经常出现这些问题。临床心理学家玛德琳·莱文（Madeline Levine）在《特权的代价》一书中，描述了自己在进行心理咨询时所发现的问题——当代青少年常常感到内心空虚，有些人还出现了严重的"自毁行为"。

这一现象的背后就是目标感的缺失，威廉·戴蒙（William Damon）是美国斯坦福大学教育系的教授，也是斯坦福大学青少年研究中心主任。他在调查研究之后，出版了《目标感》一书，认为青少年"空虚病"的蔓延，根本原因在于"目标感"的缺失。

有目标的人奔赴自己前进的方向，行动力强，集中注意力完成内心的目标，每多付出一份努力，就距离目标更进一步，内心获得满足感，这也是心理学上所说的"心流"；而没有目标的人不知道该如何前进，浑浑噩噩。

"我们家孩子学习比较自觉，他有自己的目标，按照目标非常努力去完成。"

"我刚刚设定了一个目标，以后有了自己追寻的方向，心里踏实多了。"

"我希望自己长大以后当医生，因为我曾经被医生救过，我长大以后也想去救别人。"

人生的目标是什么？戴蒙教授认为"人生目标"是终极关切，是"为什么"的最终答案。为什么你在做这件事情？为什么它跟你有关？为什么它很重要？

人生目标中有很多短期目标，比如我要好好读书，我要考一个好大学，我要评上三好学生，等等。"人生目标"是重点，对一生的规划是驱动短期目标的终极关切。也就是说，我要考上名牌大学，目的是成为对社会有突出贡献的人；我要考上师范学院，成为一名老师，是为了帮助更多人成长。

在班级里，每个孩子都是灵动的生命，他们更需要被触动，去解码心灵的成长。那我该如何帮助学生制定成长目标，让目标赋能，让孩子们有所收获呢？

一、用小目标支撑大目标

目标的意义是规划整个人生，让人生变得有意义，能为之后的付出和努力带来动力。

要定准成长目标，应以终为始，把梦想细化为当下的成长目标。"你的梦想是什么？你现在能为梦想做哪些准备？"通过这样的追问，让学生思考和设定每一学年、每一学期的成长目标，将它细化到每一天要做的一件件小事情上，经过努力，我们会越来越靠近看起来不可能实现的目标，以此激励当下行为。

尊重差异，让学生自主选择目标。目标应由孩子自己制定，老师或者家长只能给予提醒和提示，不能没有界限感，不能代替孩子去制定。目标制定不限时、不定量，也不要仅限于学习上的进步，应当包括行为规范的改进、人际交往的改善等方面。在学生设定目标的过程中，让学生自主选择，养成自主性，产生最大的驱动力。

目标的本质是什么呢？至少要经历足够长的时间；要做出承诺；在这个目标上有所进展。这一份进展，就要求目标制定简洁可测，并置于能力成长的"最近发展区"。我会帮助学生分析现状与目标之间的差距，会有哪些困难，一起商讨解决这些困难的方式和方法，让学生看到目标实现的可能性。

制订可实行的计划表，这非常重要。与其每天为了这件事不断地催促学生，甚至有时会起冲突，倒不如坐下来和学生们商量这些目标该如何实现，制订具体的行动计划表，每天具体完成多少，对照着执行。每隔一段时间，就跟学生面对面交流行动过程中遇到的困难，及时解决问题，帮助学生渡过难关，这样就会增加学生坚持行动的勇气。

迭代更新，让目标持续激励学生成长。当学生实现一个目标之后，需要设定一个更高的目标，以保持学生个体积极向上的心态。俄罗斯套娃式的方式也适用于此。

目标赋能，在大目标的指引下，每天落实完成小目标。这些小目标非常容易实现，就会激励着学生们更好地去完成这些具体行动，学生们会更自律。

二、设置各尽其能的岗位

作为小学生，他们的目标往往跟校园生活结合在一起，需要在具体的岗位上一步步落实。作为班主任，需要建立好的机制，让每个孩子在班级发展中能力得到发挥、收获成长。班级每个孩子都是小干部，人人都有岗位，人人都有事情做，这是我经营班级的原则。

"老师，我可以管理餐桶，厨余称重也可以让我负责。"

"老师，我想当小组长，我知道怎么收本子，会给每个组员编号，就能很快知道谁没交。"

"老师，我想当路队长，我口令喊得很响亮。"

"老师，让我管花吧，我爸爸是植物学家，我了解每种植物需要多少水和阳光，我能把它们照顾好。"

为什么班级里出现了这样激烈的自荐场面？因为我在班级里扎实地开展了让学生们进行岗位历练的全过程活动，让他们有了实现目标的可能。

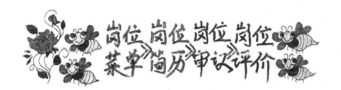

我先推出岗位菜单，里面包含"岗位名称、岗位职责、所处团队、对接工作"四个板块，通过向学生、老师、家长三方征求意见，形成岗位名称和岗位职责。并不是每个学生都清楚每个岗位相应的职责，于是就通过征求意见的方式，让学生们对每个岗位职责达到深度认知，也能为开展后续工作提供具体操作指导。

因为一人一岗，岗位众多，为了便于管理，应将岗位进行分类，采取网格化、团队化内部管理，所以每个岗位隶属于哪个团队也要很清楚。比如，负责餐盘管理的，那就属于劳动组，需要沟通和协调的事情就可以找劳动委员，这样就实现了问题的快速解决，形成有效的岗位对接机制，加强彼此的沟通和协作。

岗位是学生们自己选的，每个人可以先回家跟父母商量一下。确定每个学生能干什么，让他们自己选择，写出选择理由，然后写出管理这项任务的方法，也就是怎么干，用手绘简历的方式递交给班主任。简历里面包括竞选团队和岗位、个人基本情况、自我评价、主要获奖经历等，一定要注意表达清楚自己跟这个岗位的匹配度。

班主任在班会课上呈现这些岗位简历，并组织现场演讲，具体竞选流程如下：要经历由全体同学组成的审议团进行的"头脑风暴—列举投票—补充完善"审议过程，通过审议，简历进行修改完善学生才能上岗。

当审议通过之后，要让学生们专心去干。但是，班级经营还需要一个生动的载体，于是岗位说明书（岗位手账）应运而生。这个手账里要有记录：每日50字左右的管理记录、每周80字左右的工作小结、每月100字左右的工作心得等，当然学生们可以在上面手绘创作，进行别样的设计。为什么只要求写50、80、100字呢？首先不能让这些成为学生们的负担，其次要精简表达，不浪费人力和时间成本。在记录过程中，学生们可以调整工作方式和方法，为后期自己和他人的工作优化提供具体指导。

除此之外，手账的记录也伴随着真实互动。小组成员轮流利用每周班会课时间，先说说手账记录的优缺点，让记录更加精确。然后评价交流每个人认领班级管理任务的完成情况：哪些同学干得好，他们是怎么干的，哪些地方值得学习；哪些同学干得不好，为什么，该怎样改进。而这些不限于面对面口头交流，还要在手账上留下记录。大家也用文字、笑脸、爱心及手绘画作进行肯定，提出善意的意见。通过这样的交流，提供学习机会，不会干事的同学在大家的指导下学会干了；能干的同学得到大家的肯定，就会更想干了。

手账里还要记录评价过程，利用评估量表，学生们进行自我评价、团队内外同伴评价、教师评价、家长评价。在期中、期末两个重要的时间节点，我们会评出最佳个人和最佳团队，及时有效地评估学生自主管理能力的提升概况，由此促进学生不断优化自己的管理方式。

在目标的指引下，孩子们沿着"我要干什么，我要怎么干，我干得怎么样"的思维路径，沉浸在达成目标的实际行动中，能力在其间自然增长，拥有控制感、踏实感、满足感、成就感，内心的积极力量得到培育和增长。

三、复盘每天的行为

"今天，你实现你的目标了吗？请每位同学放学前问一问自己。"

"每位同学经过一天的学习之后，都要回家把今天的学习进行分析，看看哪些地方做得好，哪些地方做得不好？"

"做得不好的地方，你把原因找出来，写几个解决方法。第二天将这些方法用上，你肯定会对自己更有信心。"

我经常要求学生"复盘"一天的行为。

"复盘"原是围棋术语，本意是指对弈者下完一盘棋之后，重新在棋盘上把对弈过程复现一遍，看看哪些地方下得好，哪些地方下得不好，哪些地方可以有不同甚至是更好的下法等。这个把对弈过程还原并且进行研讨、分析的过程，就是复盘。通过复盘，棋手们可以重现整个对弈过程，了解棋局的演变，总结出适合自己和应对不同对手的套路，或找到更好的下法，从而实现自己棋力的提升。

这种方法非常适合班级管理，对于成长中的学生反思自己的行为非常重要。复盘可以采取以下 7 个步骤：

步骤 1：回顾复盘事件的目标。

步骤 2：结果比对。把现在的结果与当初的目标进行比较，然后发现差距。现在的结果与当初的目标之间往往会有四种情况——达成目标、超预期好、超预期差、增加了新的事件。

步骤 3：分析原因。分析影响自己的主观原因，分析客观环境和条件。

步骤 4：叙述过程。从现在的结果来倒推，按时间顺序，一点点分析过去的事情的历程，从各个时间节点上找到造成目前结果的原因。

步骤 5：自我剖析。在对自己进行主观剖析的时候，要不留情面，可以采取头脑风暴的方法，把所有的原因都列举出来。

步骤 6：他人分析。站在周围人的角度，站在自己所处环境的角度，分析自己未完成任务的原因是什么。收集整理别人的成功案例，看看自己和别人有什么差距。

步骤 7：总结规律。对整个做事的过程进行总结反思，同时思考下一步做事的方法，进行思维升华、认知迭代和行为升级。

一道题的失误，一场比赛的失败，一次考试的失利，都需要复盘思维，分析原因，找到解决方法。每天一次反思，每月一次小结，每学期一次回顾，每个成长阶段都有自我认知的提升，养成习惯，整个人生都在成长，实现自我的飞跃。

这个复盘行为要从三年级开始，在学生们各种表达能力成熟的情况下，小步走，先做到前面几个步骤，然后随着养成复盘习惯，逐步提高要求，让每个学生达到自我反思、自我约束的要求。如此，学生们才能始终保持目标感，不会偏离方向，还时不时受到鞭策，触发内心的力量。如果学生能够将复盘行为作为一种思维模式，形成习惯，那么就有了彻底性的改变。

13. 集体自调节力提升：
大自然是最好的教室

　　"老师，什么是苍耳？我没见过。"当我在教课文《植物妈妈有办法》时，班级里大多数孩子不知道苍耳是什么样子的。

　　"呀，天天坐在教室里读书，一天又一天，真没意思。"

　　"现在的孩子怎么都这么宅，整天待在家里，不是看电视，就是玩手机，电子保姆很多个。"

　　著名心理学家许添盛教授说："大自然是人类更大的心灵。"明媚的阳光，能促使人体分泌 5- 羟色胺。它是一种神经递质，几乎影响到大脑活动的每一个方面——从调节情绪、精力、记忆力到塑造人生观。

　　"以天地为教室，以自然为教材，我们在世界中求知、养性、修身。"这应该是教育要追求的方向，但实践起来是那么的难。社会快速发展，人们生活节奏加快，导致孩子走进大自然的时间和机会大大减少。然而，自然是所有生物起源之所，里面藏着所有生命成长的奥秘，走进自然，其实就是走进生命本身。

　　苏联著名教育家卡普捷列夫曾经提出："儿童应该尽早而且长时间地投身于大自然中，从中吸取对它的印象，体验大自然在每个人心中激起的思想和感受，儿童需要亲眼看到太阳和月亮的起落。一句话，必须与自然界形形色色的现象融合在一起。"自然界有丰富的刺激，能促动孩子的生长，让孩子们自主调节身心。于是，我们班约定举行"从这一刻出发"毅行活动，每周末小队毅行，每个月小组毅行，每学期年级毅行，每学年家校毅行。通过这样的活动，让学生们一步一步用脚丈量世界，用脚探索自然，做一个勇敢的、身心自由的探索者，形成团队的自调节力。

除了约定时间，我们还商定了主题。我们在不同时期探索不同的主题，也会有不同的毅行强度。一二年级时，我们主要探索"江"的奥秘，沿钱塘江等毅行，欣赏不同时间段、不同天气下江水的变化，每次大约9公里往返路程；三四年级时，我们探索"山"的奥秘，北高峰等是我们毅行的地点，登高过程中不但领略自然的瑰丽，还完成体能的考验，每次大约10公里路程；从五六年级开始，学生自己制定毅行内容和路线，整个活动分工合作。学生们的想法很多，有时候是在学校里行走11公里，晚上搭个帐篷睡在学校，满足在学校待一整天的愿望。有时候以一个公园为毅行地点，比如杭州植物园、杭州动物园等，还配合手绘某个景点等任务。家庭毅行的内容则十分丰富，由家长自行组织，涉及的领域就更宽了。

通过毅行，学生们可以感知四季不同的温度和风景，观察到不同的昆虫、植物，从而体验到自然的变化、生命的变化。学生们在潜移默化中了解了自然的规律。他们在自然中踢足球、玩游戏，脚踏实地，走近每一种生命，感受它们的独特性，全方面地刺激着自身成长，形成自己对世界的认知，完善自己的人格。

沿江而行的时候，学生们会拿起一块石子打水漂，看到波纹漾起，对流体力学有了初步的感知。折纸船置于溪流中航行，就得考虑船的材质与承重，可以流经多少米，这些都能让学生发挥自己的想象力，提升解决问题的能力。一片叶子、一朵花、一只蟋蟀、一团雾，自然中的这些东西给学生留下了深刻的印象，为其接受相关学习做了铺垫，会在真正学习的时候形成知识链。

走进植物园，学生们经常躺在草地上仰望蓝天。对于青草的香味，只有闻过的学生才知道这儿的跟人工草坪气味有什么不同；只有亲手触摸过的学生才知道草既有尖尖的锋利，也有柔柔的软度。风一吹，四野的草掀动自己的裙摆，一浪接着一浪，绵延至天际。大自然真的是一间独特的教室。

天的宽广，云的多姿，躺在草地上的学生才能观察到。云随风动，一会儿变成马，一会儿像是狗，一会儿变成了大狮子。早晨和傍晚的云色彩变化丰富，一会儿红彤彤，一会儿金灿灿，一会儿半紫半黄。自然的变化总是超出人的认知，让人慨叹自然的瑰丽与神奇。这样的情境是文人笔下很难描绘的，这样的课堂内容是如此丰富。

"你看见过鸟是怎样下蛋的吗？"

"你知道为什么野外会突然着火吗？"

"蝉每天会在什么时候叫？"

通过毅行，学生们就能对这些问题做出正确回答。只有观察过、体验过、认识过的孩子才能知道，并做出生动的描述。学生们对于世界的认知不再只是从课堂、书本上得到，还能通过亲身经历总结而成。这让他们更有自豪感和满足感，增强了他们对世界的好感、对生命的认可。

让学生们走进自然，尽情领略、观察、玩耍吧。在开放的环境中，他们丰富了自己的阅历。只有经历过，才有感受。无边的自然都是他们嬉戏玩耍的场所，他们在这里玩游戏，与自然有了充分的接触，其社会性也得到发展。在这里没有那么多竞争和压力，能够滋养孩子的自信心，提升他们的专注力。

流连于自然的学生，审美能力也会得到提高。虫鸣鸟唱，愉悦身心，动听的旋律是最美的音乐。河流山川、草木虫鱼，自然中的一切都有其独特之美，他们是所有艺术的源头，是所有美的起源。置身在青山绿水之间，看云卷云舒，看花开花落，自然如诗似画，孩子们受到了深深的陶冶。

自然界中的万事万物都是孩子最好的教材。春天，漫步在百花丛中，或听鸟鸣，或闻花香，时而吟诗，时而作赋；夏天，可以去捉蛐蛐、捕萤火虫，感受与昆虫互动的乐趣；秋天，去看看田野，感受丰收的景象，动笔画一画，记录美丽的画面；冬天，堆雪人、打雪仗，和家人嬉戏，和伙伴玩耍。孩子们在自然的怀抱里调节身心，自在成长，拥抱灿烂的未来。

14. 集体自组织力提升：
共读的育人功能

"亲爱的小宇，你是我最爱的学生之一，这你一点都不知道。因为你只感到了我每天盯住你的时间，比别人长很久很久。我只想告诉你，那专注的眼睛背后，是很深很深的爱，它舍不得聪慧的你掉队，舍不得你以后的人生因学习而受阻……"

这是我和学生们在读完夏丏尊先生翻译的亚米契斯《爱的教育》后，写给彼此的日记体的信的其中一节。夏丏尊先生的翻译有中国文学的味道，每翻一页，心总被触动，暖意遍及全身，也是真正让我和孩子们找到共同生活密码的"宝典"。因为这样的共读经历，提升了班级自组织的水平，这是一种自发的群体觉醒力。班级个体阅读是零散而无序的，我们通过共读的方式，将之前学生的个体阅读组合成一个整体，并且形成秩序，触动学生内心的觉知，产生共同的价值判断，提升班级的道德水平。而这样的过程可以是自发的，不需要任何外部主体进行控制。

一个集体自组织力的提升，并不是偶然的，需要班主任有意推动。就像共读《爱的教育》一书，我会像安利柯的父母亲那样，给孩子们写信。这个时代快捷到用邮件代替书信，再由微信代替邮件，看似人与人之间的联系更容易，但书信带来的那种亲切感却没有了。我想用写信来与孩子们交流，在信中谈论和沟通，交融与促进，不再上演"渐行渐远渐无书"的尴尬，让孩子们的心收拢，变得温暖、灵动。

共读《爱的教育》，我深受启发，因其不回避不幸、不回避龌龊，有生活真实的幸福与苦痛。其中那篇《义侠的行为》，我读了很多遍，感受颇深。

一群同学欺负残疾的克洛西，模仿他生病母亲的样子去侮辱他，克洛西怒而反抗，砸出的墨水瓶落在先生的胸部。卡隆挺身而出，扛下了砸人的罪名。先生说了一段话："你们欺侮了无罪的人！你们欺侮了不幸的小孩，欺侮了弱者！你们做了最无谓、最可耻的事了！"多么动人！

然而，这不是这篇文章的最后，最后是：先生说着，走到卡隆的旁边，将手摆在他的腮下，托起他低下的头来，注视着他的眼说："你的精神是高尚的！"

如果读到这里，就作为此篇文章的结束，那也是一种遗憾。我问孩子们："我们班有发生过类似的事吗？"一小段沉默之后，议论声起。

"那么你们怎么做了？"紧接着是很长时间的一段沉默。我在沉默中结束了课堂。

大约一个月后，班级里一个男生和一个女生吵架，非常激烈。当我出现的时候，已经有人在调和，大家平静之后，后桌的男生陈刚义愤填膺地说："老师，我说句公道话，的确是小舟的不对，他故意欺负同桌的！"

然后我对小舟说："你欺负了无辜的人！你欺负了你的同桌——这个经常帮助你的人！你做了可耻的事了！"

然后，我转身，对着陈刚说："你是个正直的人！"

教室里响起了掌声，"林老师，你是先生，是克洛西、卡隆的先生一样的先生！"

这让我想起了心理健康意识倡导者比尔·贝纳特（Bill Bernat）的话，他说："永远不要低估文学在陶冶情操方面的力量，故事和诗歌可以帮助学生看到什么是美德，什么是恶行，它们的道德作用是深入人心的，并且一直停留在那里。"

在共读过程中，学生们学会了明辨是非，道德水平发展较高的学生能够制止不良行为的发生。只有学生从心灵深处觉知到这种行为是对别人的伤害，他才会停止这种行为。而阅读是提高自我觉知水平的有效途径之一。我想，道德问题如果不能触及学生的心灵，一般是不会有效果的。等你迈出教室，在你的背后，在你看不到的地方，伤害人的事情会继续上演。

共读过程中，全班同学的注意力都在阅读中，而注意力除了决定书中的某些意识能否进入读者的意识中，还可带动其他心灵活动——回忆、思考、感觉、做决定，所以也会形成集体的"精神能量"。

如何突破和落实道德教育的难题和重点？传统的说教方式显然效果不明显。文学故事中普遍存在着对读者有教育作用的道德立场和隐喻叙事，读者大多数在没有人指导下完成阅读，他们在这个过程中是主动接受教育的，完全敞开心扉，在阅读中他们有自己的心理感受，这份感受就是学生道德水平发展过程中的产物。

买书、看书、谈书、跳蚤市场卖书，这是每年读书节学生们非常重要的活动。得到新书，学生们一页一页品读之后，在共读课上交流着、阔谈着，有时我们还会找到同名电影让学生们观看。有时，童书共读课会和茶话会融合起来，另有书籍漂流会，还有旧书交易市场。

记得共读《钢铁是怎样炼成的》之前，我没有耍很多"花招"，只在每节课前五分钟读一部分的文字，每次都能调动起同学们的兴趣。读了三节课后，孩子们忍受不住这样的饥渴，蜂拥至书店买了书，迫不及待地去读。我想保尔·柯察金的形象，已烙印在孩子们内心，他那钢铁般的意志，也能影响他们一生。后来学生们读的很多书，都是在我引读之后才全班开展共读，学生们读得津津有味。《城南旧事》《呼兰河传》《绿野仙踪》等，都是灵魂的盛宴，敲开很多孩子的心门。

学生在成长过程中，总是会对自己的存在价值不是那么肯定，敏感于外界对自己的评价。虽然大多数人都是平凡的，也要接受自己的平凡，但同时也要明白：每个人都是那么独特，那么与众不同，这是《特别的女生萨哈拉》告诉孩子们的。《人鸦》则告诉他们，谁改变了自己，谁就改变了世界。我们要强大自己的内心，不要太在乎别人说什么，做自己真正想做的。每天努力做更好的自己，这就是一种进步。

大量的阅读行为可以在大脑颞叶内累积数据，使人变得更聪明，也能有助于大脑分泌多巴胺。共读，不仅推动个人知识的增长和精神的成长，也推动集体认知和自组织力的快速提升。

教室是一方很小的天地，但承载了很广的育人功能，它是孩子们精神成长的故乡。通过共读，徜徉在文学的世界里，给学生们一个舒展成长的广阔天地，永远没有边界。把美好由外而内地种植在学生心中时，我们期待的美德才能在学生的心中发芽生长。

书中有心，看书的人有心，用书育人的人亦有心。

"哗，哗，哗……"午后1点15分，每个教室里孩子们翻动书页的声音一遍一遍响起。

15. 集体自进化力提升：诵读的开展与推动

记得曾华在毕业留言簿里写着：亲爱的老师，我将远行，在我远行的气质里，肯定有诗歌的高雅。

女生陈星这样深情告白：老师，亲爱的林老师，六年时光里，最难忘的是我们每天朗诵诗歌的情景，同学们抑扬顿挫的朗诵声常常回荡在我的梦中。每年春天的朗诵表演实在太美了，让我真心爱上了诗歌，恋上了朗诵！

一个集体为适应和应对不断变化的需求和挑战，而做出的一种自主性、渐进性的改变，这就是集体自进化力。这种看不见的力量，需要借助集体活动得以提升。在集体活动中，实现班级不断自我规范、自我成长、自我迭代的能力升级。

人类终其一生都在使用语言。一个人能不能准确地表达自我，由语言水平决定；一个人能不能把握情感，由语言水平决定。一个集体也是如此。于是，我借用班级诵读课程的开展，推动个人语言能力的提升，也推动集体自我进化能力的提升，还推动集体精神共识的形成，激发团队积极向上的氛围。好的氛围本身就是一种强大而稀缺的生产力。

多年坚持下来，晨诵已经成为我和学生每日以诗歌唤醒彼此生命的一种生活方式，孩子们通过诗歌获得美好、温暖，从而对生活产生好感，对世界怀有善意。在诵读中，孩子们自我进化、自我成长。但除了在诵读课上学习诗歌外，我们还在舞台上演绎诗歌……

一、初相见，已恨晚

2004 年某天的课堂上，我绘声绘色地范读着：

春天来了，春天来了，
小雨沙沙沙，
落在花园里，花儿乐得张嘴巴。
春天来了，春天来了，
小雨沙沙沙，
落在鱼池里，鱼儿乐得摇尾巴。
……

孩子们的发音并不清楚，却会瞪着大眼睛，盯着老师的神态，听着老师字正腔圆地朗诵，一板一眼地跟着读。有的侧耳倾听，听着听着，忽然间就会放声大笑、鼓掌，多么可爱的场面！于是我萌发一个念头：等到他们读得熟练了，何不在朗诵时加入动作表演诗歌呢？经过两次示范，孩子们就有了自己的想象，热情高涨，教室里"老师，请我，请我"这样要机会的声音不绝于耳。有的把自己扮成小鱼，摇着尾巴朗诵起来；有的把自己想象成小花，美美地表演着；还有的把自己当成小雨，在朗诵前还加入雨声，增加情境感呢！

一个学期下来，孩子们的诵读能力明显提高了。我没有把诵读局限在课堂，而是在学校的艺术厅每月开展一次诗歌朗诵会，孩子们原始的表演、稚嫩的语音十分动人，获得了一次次成长，一次次飞跃。孩子们悄悄爱上了诗歌，母亲节那天，学生唯佳为妈妈朗诵诗歌《好大好大》，家长说那是个惊喜。

通过一个学期的诵读活动，就凝聚了班级向心力。让每个孩子爱上班级，融入班级，并以班级共同的标准和规范要求自己，不断进步，实现个人进化的同时，推动整个班级进化。

二、幸遇舞台，成长快速

2005 年，恰逢那时我县教育局开展"春天送你一首诗"朗诵比赛，这么好的平台，何不让孩子们试试呢？第一次让他们上阵，我非常谨慎，挑选了七个孩子经过一个多月课余的强化训练，与其他年级的孩子们同台竞争。他们以一首《七彩阳光》配乐短诗朗诵赢得所有评委的认同，夺得全校第一名，获得县一等奖。《七彩阳光》这首诗表达了学生对老师的爱，诗中表达老师就是绚烂的七彩阳光，洒满学生的心房。选择七个孩子分别手持红、橙、黄、绿、青、蓝、紫各色小花上台诵读，让所有的评委都称赞：这样的诵读形式多样，所有的形式又来源诗歌本身，恰到好处，相当不错！就是这首诗让孩子们体验到了诗歌的魅力，渐渐地，孩子们爱上真诚地表达、深情地诵读，慢慢走进文学的世界，有些孩子还自己偷偷写诗呢！

从此一年一度的"春天送你一首诗"朗诵比赛，都让我和孩子们热血沸腾。2006 年，在同样的县级舞台上，我们又以《成长钟声快快响起》获得县一等奖。这首诗歌顾名思义，表达了孩子们期盼快快长大的心愿。

2007 年已是我班开展诵读课程第四年，我们采用《红旗一角的故事》庆祝建军八十周年。在我对诗歌充分解读之后，发现诗歌大气，场面宏大，内容角色丰富，时间跨越很大。全班孩子们都要求参与，我大胆地采用话剧的布景和表演形式，分角色演绎，将个人领诵和集体齐诵结合，将个人表演和集体表演结合，孩子们融入诗歌，享受过程。当一名"红军战士"挥动红旗出现时，全场报以热烈的掌声，我们又轻松地获得全县第一名的好成绩。

2008 年是奥运年，我自己动手写了一首《奥林匹克情》。这一次的诵读排练，我请孩子们自己设计。孩子们的想法新颖独特，我采用了部分，又依据自己多年的舞台经验，在朗诵时加入舞蹈元素，新添了道具小国旗，新颖独特的舞台队列特别引人注意。在朗诵的最后还加入横幅，内容是：我爱祖国，我爱奥林匹克！这成为点睛之笔。又一次，我们毫无悬念地获得了全县第一名，作为 2008 年全国"春天送你一首诗"苍南主会场的压轴节目。

第六年的诵读比赛，基本不用我再做指导，孩子们会自己编排诗歌节目。悄然间，我发现孩子们的诵读技巧十分纯熟，慷慨时，竟然有"金戈铁马"之气，也有浩荡磅礴之势。他们的语言情感表达富于变化，言之纤细，语之有力，气之昂扬，音之浑厚，运用其中；更有"大弦嘈嘈如急雨，小弦切切如私语。嘈嘈切切错杂弹，大珠小珠落玉盘"的诵读音韵之美。

不断进阶的诵读活动，增加了集体自进化的力度，加快了集体自进化的速度，同时，促进学生个人自我进化力的提高。

三、此行何处，沉醉不知归路

从《轻轻地》到《打翻了》《墨水瓶》，从普希金到李清照，从现代诗到唐诗宋词，这一段诵读旅程，让我和孩子们不断接近文化的根，找到了灵魂的巢，也找到了我和孩子们共同生活学习的语言密码。

开展诗歌诵读课程，成了我带班的"保留节目"，我所带的每一届学生都能在校内因朗诵和演讲出名，在县市朗诵比赛获奖，在全国朗诵的舞台上秀出精彩，《今日苍南》《温州晚报》等都刊载了他们的优秀。

人们常说：熟读唐诗三百首，不会作诗也能吟。厚积薄发，孩子们纷纷走上创作之路，有陈澄的《一支钢笔的哭泣》，有周煜的《小小少年的烦恼》，也有郭铭的《我不愿》，还有我们的班刊《萌》《屐痕》《向阳花开》。郭铭、周煜、朱淇、唐如意、陈琼等人的诗歌创作获得了县市乃至全省的一等奖。看不见的集体自进化力在诵读活动中得到实现和体现，孩子们沉浸其间，努力生长，自主迭代和升级各方面能力，呈现出积极向上的集体精神力量。

我知道在没有我的日子里，孩子们依旧热爱朗诵，继续探索诗歌的奥妙，懂得舞台表达的美丽，走进文学智慧之门，拥有丰富的文学审美力、诗歌鉴赏力，并终生从中受益。因为诵读已经成为他们生活中主动精进、自我进化的途径。

16.　集体自适应力提升：
绘本治愈入学困难症

每次接手一年级，总是听到老师这样的抱怨——

"天哪，我今年教一年级，我要累死不可。"

"不脱一层皮，怎么能做好班主任工作？"

"校长，我不要教一年级，太辛苦了！"

教一年级是去打仗？还是去打老虎？老师们怎么这么抗拒？

一年级的孩子，刚入学的那段时间，常常是——

"呜呜呜，老师，我想妈妈！"

"妈妈，我不想去学校，那里的小朋友我都不认识，不好玩！"

"爸爸，我能不能不去学校，我就待在家里，我好害怕去学校。"

新一年级的家长，也是焦头烂额，到处哭诉——

"我家小孩不肯去上学，每天早上起床就开始哭，我该怎么办呢？"

"我家小孩被同学打了，真是气死我了！"

"老师，你是不是有好办法？我家小孩昨天尿裤子了，上课了，他不敢出去上厕所。"

小学一年级的学生刚入学，在完全陌生的地方，要和很多不同的人建立关系，对他们来说，这是很有挑战性的。教师应该借助一定的方式和载体，去帮扶他们。借助绘本故事，帮助一年级入学学生解决负面情绪困扰的问题，形成解决入学问题的能力，进而达到身心平衡之状态。

绘本故事治疗是一种阅读治疗法。绘本的题材多种多样，不同题材的绘本故事给儿童带来的心灵触动是不同的，应让儿童广泛阅读。绘本故事治疗能够让儿童通过故事情境正确认识自己，获得自我成长，是教师、家长走进儿童内心世界的一条捷径。老师以这条有效的途径去解决问题，而不是单纯靠讲道理，让学生在故事中涵泳，自觉受到教育，自发学会处理成长中的各种问题，自觉形成习惯，从而提升一年级班级集体自适应力。每个绘本故事都有自己的力量，我们该怎么挖掘它的这份力量呢？

一、运用绘本故事疗法简单解决学生交往问题

1. 借绘本故事引起学生的共鸣

故事是通过语言、文字而呈现幻想，应让学生自己去挖掘故事的内在驱力与冲突。教师是要通过学生从故事中挖掘出的隐喻在课堂上引起共鸣，而不是直接向学生诠释故事的主题、冲突或者其他内容。

如在讲述彼得·雷诺兹（Peter Reynolds）的绘本《点》的时候，老师不要直接问学生，也不要直接告诉学生这个故事蕴含的道理，而要让学生自己去发现和领悟。为什么瓦斯蒂让小男孩在自己的画作上写上名字？请学生从绘本的文字或图片中找答案。通过这样的探索过程，就能体会到瓦斯蒂的变化。瓦斯蒂本来就是一个除了点什么也画不出的人，而后来他却画了很多画，并在美术展上展出了自己的作品。他自己就是因为受到了别人的鼓励才变得自信，所以他允许小男孩在自己的画作上签名。

2. 以绘本为载体互说内心故事

也可以让学生依据阅读过的故事创编自己的故事讲给我们听，这在锻炼孩子们口头表达能力的同时，也让他们敞开了心扉，在诉说过程中进行自我疗愈。

给出扶手。诱发学生自创性的沟通，可以承接在前一个故事之后，这样

一来就会让学生有一个构建话题的启发点，避免了一时想不出来，没有方向、没有主题、没有语言环境的情况。

在讲述《小皮斯凯的第一个朋友》之后，可以让学生来说说："你认为小皮斯凯会有第二个朋友吗？它会是谁，会发生什么故事？"也可以让学生来说说："小皮斯凯还会和第一个朋友发生什么故事呢？"因为已经提供了前一个故事的情境、语境，学生就能够依着绘本结合自己的想象，创编出能展露自己内心的故事。在学生讲述的时候，教师就能判断他们曾经在交往过程中可能遇到的不愉快，利用心理分析不动声色地回应，并悄然治疗。

借助媒介。基于学生能说故事但说不长，有时只能讲片段的实际，就需要以各种手段去刺激引导，用多种方式诱发学生说故事。可以采用录音机去录音，这会给学生满足感，能促发学生主动说故事。鉴于很多学生表达能力弱，还可以让学生把自己的故事画下来，然后再说。有时采用角色扮演，老师扮演主持人，学生扮演嘉宾，用这样的方式让学生讲述内心的秘密，这样一来教师就能回应暗区，引导他们到光明的地方。

可以结合绘本故事内容开展拓展延伸活动，可以为父母读故事、讲故事，可以和同学一起演故事、画故事、续编故事，可以在扉页处写前言……这些都有疗愈的功能。

3. 借绘本载体建立良好多维关系

阅读绘本故事的过程中，应尊重每个学生的不同感受，让学生们全身心投入，开放自己的内心，通过隐喻，找到自己内心存在的礁地，解决校内人际交往遇到的各式各样问题。要打开学生们的心扉，使其和教师及同学建立良好的关系，阅读中适当加入活动（游戏）去优化师生之间、生生之间的关系，营造信任、和谐的氛围是很好的办法。

二、构建绘本故事班会课的初步模式

一个绘本故事能疗愈的问题在数量和程度上都是有限的，有时它只能开个头，有时需要重复讲，有时要再借一个或者几个绘本连续治疗攻克。另外，还有团体辅导和个体辅导之分。总之，面对不同问题应采用不同的疗愈方式。当然也鼓励孩子们自创绘本，在写绘过程中，不仅言说自己，也疗愈自己。

当然，应用绘本故事疗法需要有自己独特的课堂样式，才能起到疗愈的效果。

1. 构建绘本故事疗法课堂教学程序模式

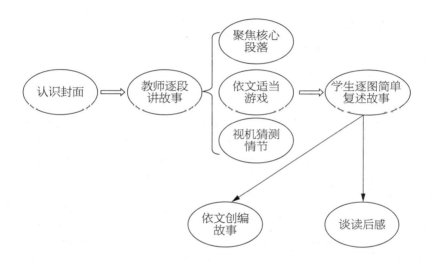

2. 归纳绘本主题内容教学策略模式

（1）分段式＋细节式。

（2）整体式＋细节式。

（3）整体式＋分段式＋细节式。

以《猜猜我有多爱你》教学为例。完整式阅读能让学生完整地领略大兔子和小兔子之间的爱；逐段地进行研读；细节式阅读时进一步观察两只兔子对爱的表达——经典的动作。适时练习摘录的语句：A.地球有多大，我就有多爱你；B.大海里的水有多深，我就有多爱你；C.高楼大厦有多高，我就有多爱你。

三、将绘本故事分门别类，适应孩子不同的成长需求

绘本故事也有很多种类，需精挑细选出那些能对学生人际交往产生影响的。课题组建立自己挑选的标准，从"自我发展与生命教育、情绪调控与社会交往、与世界相处的艺术"三大板块去促进学生校内人际交往习惯的养成。每个板块下都细分出研究主题，依据主题找到相应绘本之后，再确定某特定绘本回应了学生在人际交往中遇到的哪些问题，从而起到指导和帮扶作用，让学生在绘本故事阅读和学习中学会处理与自己、与同伴、与集体、与师长之间的关系，形成一定的交往能力与策略。

板块	第一板块　自我发展与生命教育									
研究主题	我与自己的关系		我与师长的关系		我与同伴的关系		我与学校的关系		尊重生命、理解生命的意义	
绘本及回应主题	《自己的颜色》	独一无二的自己	《亲爱的老师收》	师长是我们成长的伙伴	《第一个朋友》	拥有朋友的好处	《大卫，不可以》	在学校不能唯我独尊	《风到哪里去了》	生命以另一种形式存在
	《我不知道我是谁》	确定自己的存在	《尼尔森老师不见了！》	该如何和老师相处	《好朋友》	朋友之间需要互相帮助	《大卫上学去》	要遵守学校的规矩	《獾的礼物》	肉体短暂，信念永恒
	《我》	他人眼中的自己是不同的，而你只要做好自己	《我的老师是怪兽！》	消除和老师之间的误会	《小海螺和大鲸鱼》	辽远的目标和生命的远航需要以身边人为榜样	《学校的烦恼》	如何解决作业的烦恼	《爷爷变成了幽灵》	面对死亡的态度
	《小猪变形记》	做自己，最快乐	《没事，你掉下来我会接住你》	提供给学生安全感	《小黑鱼》	游动在海洋世界里，人与群体的生命智慧	《欢乐的节日》	想办法帮助同学融入新集体	《当鸭子遇见死神》	生与死都是爱

板　块	第一板块　自我发展与生命教育								
绘本及回应主题	《笨拙的螃蟹》	更好地认识自己，"短处"也是"长处"			《硬汉吉姆》	如何面对校园欺凌	《蕾拉的头巾》	打开心扉，悦纳新集体	《小伤疤》	生命会裂开缺口，但爱里没有害怕

板　块	第二板块　情绪调控与社会交往							
研究主题	通过言语和非言语方式理解自己的情感		运用积极的言语和非言语方式和他人进行沟通		建立良性情绪		宣泄不良情绪	
绘本及回应主题	《生气的亚瑟》	生气并不是处理事情的好办法	《We Share Everything》	学会分享	《好饿的小蛇》	出人意料的天真与想象	《生气汤》	接纳并疏导孩子的愤怒情绪
	《床底下的怪物》	如何变得独立	《阿内宫大战塔罗拉》	如何面对和他人的冲突	《是谁嗯嗯在我的头上》	真正的寓教于乐	《苏菲生气了》	学会控制、调节自己的情绪
	《我好担心》	很多事情需要宽心以待	《不是我的错》	如何说出自己的想法	《圆白菜小弟》	一些天真的荒诞与快乐	《我也可以飞》	面对挫折，哪怕怀疑，也不丧失勇气
	《我为什么讨厌吃奶》	不要用情绪掩盖你真实的内心情感	《我喜欢你》	友谊的珍贵	《我变成一只喷火龙了！》	不良情绪如何去除	《今天我感觉……》	悦纳不良情绪
	《我变成一只喷火龙了！》	怎样表达自己的情绪	《猜猜我有多爱你》	爱需要用行动表达	《萝卜生气了》	包容自己和他人的不良情绪	《生气的亚瑟》	情绪对一个小孩的重要性
							《我好生气》系列	如何让自己不再生气

板　块	第三板块　与世界相处的艺术					
研究主题	解决交往中的冲突		不可推卸的责任		世界是安全的摇篮	
绘本及回应主题	《乱挠痒痒的章鱼》	在冲突中发现自己的智慧	《不是我的错》	不能推卸责任，班级事务人人有责	《我妈妈要生新宝宝啦》	学会分享爱

板　块	第三板块　　与世界相处的艺术					
绘本及回应主题	《月亮狗》	永远忠诚于朋友	《我的责任我来扛》	勇于负责，比别人更有机会	《一点点儿》	二胎家庭中爱始终在
	《蚂蚁和西瓜》	团队合作带来的快乐	《我的宠物猛犸象》	养宠物也需要责任心	《第一次上街买东西》	一个人行走的路，爱始终在
	《西奥多和会说话的蘑菇》	待人以诚	《责任》	做一个有责任感的人	《看不见的线》	解决分离焦虑
	《受人冷落》	被人冷落如何应对	《我不是故意的》	学会关爱和承担责任	《没事，你掉下来我会接住》	每个人都在被守护

如上表所述，课题组始终坚持一个原则：人际交往的起点是认识自我、悦纳自己，这也是一个人开展与他人、与社会交往的前提条件。当然，以上绘本的分类其实不是绝对分割的，很多相互交叉，这里就不一一赘述。

四、同伴交往核心问题精准多次重点攻克

相对来说，学生校内人际交往的核心是同伴交往，学生处理这一问题的能力也较弱。课题组于 2017 学年第一学期借鉴了陈冬艳的《绘本对中班幼儿同伴交往策略影响的实验研究》课题成果并运用到班会课中，进行的第一次同伴交往策略指导也取得了良好效果，详见下表。

时　间	内　容	主　题
第一次	《小白找朋友》	主动发起交往
第二次	《亮晶晶的水泡泡》	主动发起交往、帮助他人
第三次	《城里最漂亮的巨人》	主动发起交往、不忽视他人
第四次	《小兔子分萝卜》	协商、合作、分享
第五次	《小一步，对不起》	合作，不进行身体、语言攻击

时　间	内　容	主　题
第六次	《南瓜汤》	不破坏他人正在进行的游戏、合作
第七次	《汤姆和伤心的鲁鲁》	帮助他人，不进行身体、语言攻击
第八次	《彩虹色的花》	合作、帮助他人、不忽视他人
第九次	《鼠小弟荡秋千》	合作、不破坏他人正在进行的游戏
第十次	《爱笑的鲨鱼》	主动发起交往，不进行身体、语言攻击

2017 学年第二学期，课题组再次挑选绘本进行该问题的深度推进教学，教学进程如下表所示。

时　间	绘　本	主　题
第一次	《利勒比找到一个好朋友！》	如何开始交往
第二次	《月亮狗》	永远忠诚于朋友
第三次	《蚂蚁和西瓜》	团队合作带来的快乐
第四次	《西奥多和会说话的蘑菇》	待人以诚
第五次	《受人冷落》	被人冷落如何应对
第六次	《小乌龟富兰克林》	朋友之间需要谦让
第七次	《弗朗西丝和好朋友》	自主处理冲突
第八次	《两个好朋友》	求同存异
第九次	《鸭子说"不可以"》	要包容他人
第十次	《鳄鱼莱莱》	学会宽恕别人
第十一次	《兔子先生的麻烦》	如何与朋友沟通
第十二次	《我的兔子朋友》	好心办坏事
第十三次	《月亮是谁的》	学会和友人分享

时 间	绘 本	主 题
第十四次	《友好的臭鼬》	不能以貌取人
第十五次	《兔子蹦蹦和青蛙跳跳》	长久的友谊需要互相帮助
第十六次	《乱挠痒痒的章鱼》	冲突中发现自己处理的智慧

总之，绘本阅读对于一年级师生来说，是个解决烦恼的好办法。

17. 集体自制力提升：
延迟满足班级优良行为

"老师，什么时候我们再开零食会呀？"很多同学期待着这样快乐的时刻再次光临，但要用具体行动来换。

"老师，今天开零食会，我真开心，我能吃到自己喜欢的零食啊！"零食会上学生的天性得到了释放。

"老师，下一次我们能不能在零食会上带上玩具玩一下？"同学们已经能够提出自己的想法，说明他们很认可这样的零食会。

"孩子们太喜欢零食会了，他们说能吃到好吃的，玩到好玩的，还能看到想看的。"丰富了零食会的形式，学生们更高兴了。

"我家孩子在日记里写上了自己的心情，说好喜欢上学，因为很开心。希望班级同学天天表现好，老师天天组织零食会。"有期待的生活让人感到幸福。

零食会是什么课？它有什么含义？顾名思义，零食会就是能够吃零食的一节课。很多老师会问：学校不是不同意让学生们吃零食吗？我们并没有天天让学生们带零食吃，也没有让他们随便什么时候吃，也没有让他们吃什么垃圾食品，为什么就不能吃？喜欢吃好吃的是人的本性，教育不应违背人的本性去做，而应顺应人的本性，做好的引领。

学校禁止学生们吃零食，学生们就不去吃零食了吗？没有，学生们还是偷偷地吃，而且不良行为愈演愈烈。这是为什么？

因为堵不是办法，疏才是上策。有条件地吃零食是一种引导，这是我对班级管理的一种思考。

日常的班级管理非常琐碎，很多时候，班主任对学生个体的表现关注和评价较多，而对班级集体行为的关注不多，但集体行为才是一个班级班风形成的关键所在。把往集糖罐里加糖作为对班级集体行为的量化评价不失为一种好办法。当班级集体行为表现较好的时候，根据实际情况，全班决定往集糖罐里加几颗糖。当糖加到班级学生们预定目标的时候，就举行零食会。

这些糖加入罐中，其实就是对班级这一时刻优秀行为的一种及时评价、及时满足，而将很多天的班级集体优秀行为进行累积后，举行零食会庆祝，这又是一种延时满足。这种方式里，既有延迟满足，也有及时满足；既能促使学生产生内啡肽，也能产生多巴胺；既能满足学生生理欲望，也能满足集体精神需求；既能提升集体主动追求积极向上的力量，也能提升集体的自制力。

什么时候往集糖罐里加糖，这是个学问。每周一学校会举行晨会，会根据上一周各班的表现情况，评定哪些班级获得流动红旗。当班级能够获得流动红旗时，就可以往集糖罐里加五颗糖。运动会上班级获得了冠亚军，和同学们商量这样的赛事可以加多少颗，让他们自己来决定，并形成规定。除此之外，如果某节课课堂纪律特别好，可以加糖；某位同学获奖了，也可以加糖；班级被学校表扬了，也加糖……只要班级出现积极向上的集体行为，就可以给孩子们加糖的机会，增加孩子们的集体荣誉感，养成良好的班级氛围。

由谁来往集糖罐里加糖，这也大有讲究。轮流加糖，这是一种相对公平的形式，但是它的激励作用相对弱一些。那么，在轮流加糖的基础上，对轮流的形式进行创新，最近哪位同学表现好了，就由哪位往集糖罐里加糖。把加糖变成了一份奖励，同学们是很高兴的。甚至有的学生设置的个人目标就是往集糖罐里加颗糖，或者要求自己可以拥有加糖的机会。

那么到底一天要加几颗糖？这是根据班级集体行为的优秀情况来定的。眼操全班做得都很认真，那么一天就加两颗糖，再加上吃午饭的纪律好，又可以得一颗糖。当然，这一整天班级表现不好不得糖，如果班级表现很恶劣，那就要扣糖。不过，在实际操作中，扣糖尽量少做，因为它有可能强化不良的集体行为。

"延迟满足"不是单纯地让学生学会等待，也不是一味地压制他们的欲望，更不是让学生"只经历风雨而不见彩虹"，说到底，它是在培养一种克服当前的困难情境而力求获得长远利益的能力、在等待中进行自我控制的能力。

当学生们因为努力而获得开零食会的机会时，会非常开心，他们能够达成自己合理的心愿。在这节零食会上，学生尽情享受美食，尽情拥抱快乐。这一份独有的享受，会激励学生们接下来更加优秀的集体成长行为。当然那些违反规定、平常偷偷在书包里带零食的学生，一经发现，就减少其在零食会上吃零食的数量和样式，情节严重的，取消某一次零食会上吃零食的资格。这就对学生吃零食的行为进行了很好的规范。

零食会的形式也是多样的。不仅可以吃到班级统一购买的美味零食，每个学生还可以吃到由家长自行购买的自己爱吃的零食。除了美食，零食会上还搭配文艺演出、精彩影视节目，让学生们适当放松，享受生活。条件允许时，我们还会统一组织学生们去电影院观看电影、展览馆看展品、博物馆研学，甚至到户外徒步、到农场体验。学生们借助零食会，体会生活的美好，产生了积极情绪，都很喜欢这样的教育方式。

你可以问一问同学们为了美妙的零食会，之前的努力值得吗？接下来会怎么做？同学们很自然地回到用优良行为去赢得下一次零食会的结论上，而且充满了期待，这份期待就是推动优良行为更好发展的动力。

18. 自我认知力提升：用故事打开心窗照见柔光

夏夜，爷爷奶奶指着天上的银河给孙儿孙女讲《牛郎和织女》的故事时，年幼的孩子或许无法理解牛郎的痴情和织女的无奈以及那种离别之苦，但他们一定对那浩瀚的银河充满好奇：它们到底是什么样的？人们可以在上面生活吗？好奇总是驱动着探索的欲望，孩子们对于天空、对于世界、对于宇宙，有了自己潜在的向往，促使着他们去主动探索。

叙事疗法治疗师马丁·佩恩（Martin Payne）在他的书《叙事疗法》中指出："无论我们用语言表达'局部知识'，还是朋友间的闲聊，传记文学或是在咨询室中谈论问题，都是以'故事'的形式，以顺序的方式呈现经过检选的元素。我们也通过这些关于自己的故事形成自我概念。"故事为我们理解世界提供入口，无论老幼，故事是我们建立情感联结的最好方式之一，提升我们的认知，使我们重新审视自我，获得意义感。

那么，该选择哪些故事供学生阅读呢？心理学专家认为：能激发学生心理体验的故事应该有两个标准：第一是可信，第二是可心。所谓可信是符合学生的认知水平，不超出他的理解范围。所谓可心是符合学生的心理发展特点，还会映射学生心理，满足学生的内心需求。

学生们喜欢听故事，于是，我在班级利用 App 给学生们放故事。根据他们不同的年段，我提供不同的故事内容。一二年级时，以短小精悍、有趣生动的童话故事为主，让他们感受想象的美好；三四年级时，以优秀的名人故事为主，让他们受名人、伟人激励；五六年级时，以历史故事为主，让他们走进历史，读懂历史。当学生们听完一个故事之后，让他们谈谈听后感。

故事具有现实和虚幻结合的特点，故事的情节比较生动，跌宕起伏，具有很强的魅力。开头、中间和结尾的情节与内在逻辑严丝合缝，明确给出意义的故事会让人感觉充实而有收获。故事里有可供听（读）者想象的广阔空间，学生们在听（读）故事的过程中能够自由想象，解放心灵，启迪思想。学生们与故事中的优秀品质一遍遍对接，优秀品质就强化在了学生们的脑海中，潜移默化地指导学生们的行为，直至成为他们的优秀品质。

学生们听着听着，入了迷，总是欲罢不能。故事听多了，开始读书写字了，就让学生动笔写自己、写别人的故事。我利用漫画让学生们想象图画上的故事，根据图画顺序开展写话；开展班级故事接龙写话，让学生们观察和发现班级里有趣的故事，然后每个人以接龙方式写在同一本作文本上，每个轮到接龙写作的学生都能读到之前同学写的文章，发现不同的思考角度和写作视角，开阔他们的思维；我们还在微信、微博等平台发布学生们的作品，可供他人阅读、分享。

故事是想象的产物，是一种虚构，尤瓦尔·赫拉利在（Yuval Harari）《人类简史》中提出了这样一个观点："智人在演化中偶然获得的讲故事（即描述虚构事物）的能力，是他们称霸世界的关键——只能描述事实的语言能力是有限的，至多只能将部落维持在一百五十人的规模，然而故事（包括传说、神话、宗教）可以将更多的人集合在同一背景下，继而完成规模更大的活动。"这种虚构不仅能指出孩子们已经拥有的，还可以想象孩子们即将拥有的、未来可以拥有的，有"画饼充饥"的功能，能够团结一个群体为未来努力。

除了写故事，还要说故事。每周利用一节课，或者每节语文课前五分钟，让学生们谈天说地，讲讲发生在身边的事，讲讲自己读到的有趣的故事，讲讲自己写的故事。这些故事里面是满满的想象，是对美好生活的寄托。你的故事，我的故事，他的故事；你编的故事，他听来的故事，我讲的故事，在那个小小的时空里碰撞，释放天性，发现纯真，表达内心的情绪，疏解一些烦恼，成就更为健康的身心。学生们在交流故事前，是会认真准备的，那是照见内心的过程。我口讲我心，表达愿望，启示未来。

听故事总是显得轻松，但写故事、说故事其实是能力的训练，也是心灵表达的出口。生活中总有一些未被满足的愿望，被现实压抑的沮丧，需要有个出口去宣泄，从而达到内心的平衡。所书写的可以是他人的故事，也可以是自己的故事。故事塑造着我们的思维和认知，使我们对故事更加熟悉和喜爱。

演故事也深受学生们喜欢，演故事具有很强的代入感。学生们穿上和角色相符的服装，画上特定的妆容，说着符合人物身份的语言，做着人物在故事中的动作，化身为人物，体会人物的心情。每演一个故事，学生们就能成为一次主角，他们会把故事中的人物幻想成自己，去经历一次不一样的人生，在幻想和现实之间遨游，在现在与未来之间穿梭。他们沉浸其中，完成角色扮演，他们全身心投入和体验，他们会自觉地调动自己的情感和思维。他们可以去经历很多本来没办法亲历的事情，内心的需求得到了满足。主人公哭的时候，他们同样悲伤；主人公高兴的时候，他们一样快乐。喜怒哀乐一体，同仇敌忾，斩妖除魔，正义的伸张，道德的审判，是与非的决断，好与坏的选择，所有符合道德准则的良好模型，通过演故事在学生们心中树立起来。在故事中，他们还获得对世界规则的认识，的确，故事是儿童理解生活世界的基本方式。

无论是听故事，还是说、写、演故事，学生们都面临着一个任务：通过这些故事重新审视自己，哪些故事在我们成长道路上起着积极意义，哪些又是消极的，成为"问题故事"。"问题故事"看见我们内心的黑洞，然后让科学的光照亮它、修正它，重新获得幸福和完整，从而提高学生积极的优秀品质，养成良好的品德习惯。

故事，如一汪清泉，滋润孩子们的心田。

19. 集体贡献力提升：
日常劳动带来的"小确幸"

"在学校里学习，太无聊了，就是上课做题，下课还做题。连班级值日，我妈都说浪费时间，让她扫。"

"学校里的学习，跟生活没什么关系，数学那么难，可是现在计算器那么方便，根本用不上，我真不想学。"

"什么都不用干，天天只要学习学习，我都快成了学习机器了！煎个鸡蛋给自己吃，我妈就说，你只要好好学习，剩下的都不用管。"

心理学研究表明，幸福与积极成就的关系是双向的。以上故事中的学生在学习中找不到成就感，所以就缺失了学习中的幸福感。积极成就指的是发展个体的潜力，以助其达成有意义的目标，从而提升实现有价值目标的能力、遭受困难与挫折时仍能持之以恒的内驱力、在人生重要领域获取竞争力与成就的能力。因此，学校应在课程、课堂、评价等方面尽量创造机会，努力让每个学生获得成功体验，感受成长的幸福。

蒙台梭利认为："对于儿童来说，爱劳动代表着一种生命的本能，因为不劳动就无法发展自己的个性，个性将脱离自己塑造的正常界限。"于是我们欲通过劳动课程，让学生们确认在集体（家庭）中的贡献，这不仅能增强学生的自信心，也能激发学生的创造力，还能树立学生的价值观。

要教会学生解决生活中的问题，尤其在幼儿园、小学这一形成基本生活能力的最初期，就要教会学生如何做家务，如洗衣、做饭、打扫卫生等。学生上过烘焙课、手工课、木工课、自理能力课之后，即使没有大人的照顾，自己也能独立生活，解决生活中的困难。

每完成一件家务，孩子内心就获得一种认可：原来我也可以做这么多事，我也很能干。做好每件事情之后，学生就拥有了自我肯定，内心踏实，拥有小确幸。每个人内心的成长和积极品格的养成，都是在具体的事务中完成的。我们通过劳动获得在这个世界上生存的资本，这是常识，也是必须要树立的正确观念。

我在班级里认认真真上好每一节劳动课，教会学生们怎样整理书包、怎样整理抽屉、怎样做饭、怎样叠衣服等，还将课堂上的学习延伸到生活中，每周布置劳动作业，评出每周劳动之星，颁发奖状和奖品。

不同学期、不同年级的劳动作业不同，从易到难，从一项到多项。每个学期确定不同主题开展劳动技能大赛。比如，一年级是系红领巾，二年级是穿鞋子，三年级是穿针引线。学生们通过这样的指导，真正学会扫地、拖地、系鞋带、煎鸡蛋、缝纽扣等生活本领。学生们都乐在其中，每个人都感受到自己劳动能力的增长。

我们还利用传统节日开展烹饪活动，中秋节学做月饼，冬至包饺子，端午节煮艾草鸡蛋。学生们感受到的不仅是节日的快乐，还有自己有能力为家人付出的幸福感。学生们还时常将自己制作美食的过程记录下来，配以插画。写作、绘画水平也跟着提高了。

开展好班级值日工作，为每个学生安排班级劳动岗位，督促他们尽到责任，养成爱劳动的好习惯。将班级所有事务分成细小的岗位，供每个学生认领。用心对待，细心完成之后，每周还要写100字左右的日记，对自己一周的班干部工作进行回顾，分析哪些地方做得好，哪些地方需要改进。

我们把种植园开辟为学生们的劳动场所，设置轮流岗，让他们学会种植蔬果，感受土地的力量，体验农耕的快乐，去真实劳动，学会松土、除草、播种、施肥。在这一块土地上，学生们随时观察，随时记录，感受阳光、露水、泥土、叶尖、果实如何组合出生命奇妙的成长。回归自然，回归生活本真，无论多么宏大的命题，都需要回归土地去完成。果实成熟后，开展劳动分享会，开展蔬果售卖会，让学生们完善对劳动的认知，体验到劳动的价值。

我们的语文学习也不仅停留在书本上，也做了和生活密切的连接。一年级时，我们就开展利用生活用品组成拼音字母的活动，有的学生利用饼干拼成一个 i，有的用乐高拼成 x，还有的用豆子拼成不同的字母组成人脸。

我们还开展寻找生活中的拼音活动，同学们在家中找到不同的物品，标注拼音和汉字粘贴上去。不但让拼音学习过程有了具象探索，也加深了知识与生活的联结。二年级时，我常常布置一些课外探索任务："鲜"字表达的是鱼肉和羊肉一起煮，味道特别鲜美，真的是这样吗？"白日依山尽"，为什么作者在写太阳时使用的是白色，请你观察夕阳，你有什么发现？类似这样的活动深受同学们喜欢。同学们下厨动手煮一煮"鱼羊菜"，果真味道异常鲜美，所以这个会意字就以这样的方式深深刻在他们的记忆中。

2022 年，温州市教育局印发了《温州市中小学劳动教育行动方案》，把劳动教育贯通中小学各学段，与德育、智育、体育、美育相融合，全面构建以学校为主导、家庭为基础、社会为依托的新时代劳动教育体系，传承弘扬劳模精神、劳动精神、工匠精神和温州人精神。锚定新时代劳动教育新要求，要求各地各校要利用温州地方特色资源，拓宽劳动教育途径，整合家庭、学校、社会各方力量，实现家庭劳动教育日常化、学校劳动教育规范化、社会劳动教育多样化，形成协同育人新格局。

类　别	项　目	学生操作要点	家长指导核心
快乐 小主人	1. 整理书包	会每日有序摆放书包里的学习用品，保持各类用品的清洁卫生。	家长尽量不代劳，提醒孩子养成每日整理的习惯。
	2. 科学刷牙	早晚刷牙，刷牙力度要适中，牙齿内外刷干净，每次坚持 3 分钟。	督促养成早晚刷牙好习惯，至少 3 个月换一次牙刷。
	3. 学会洗澡	会正确使用沐浴用品，洗净身体各个部位，节约用水勤洗澡。	教会孩子正确使用热水器，合理使用沐浴用品洗净身体。

类　别	项　目	学生操作要点	家长指导核心
乐帮 小主人	4. 用扫把扫地	会正确使用扫把清扫地面，能摆放到原位。	指导孩子正确拿扫把，垃圾扫成堆，地面扫干净。
	5. 餐前摆碗筷	轻拿轻放，根据家人的用餐习惯，摆好碗筷。	能放手让孩子锻炼，注意安全。
创意 小当家	6. 小鞋柜大世界	会区分各个季节的鞋子，依据鞋柜特点有序摆放。	家长协同孩子依据鞋柜结构合理摆放。

上图是温州市教育局列出的"小学一年级日常生活劳动清单"。类别这一列从"快乐小主人"到"创意小当家"，应该是对劳动不同内容的评价的三个不同层级；第三列操作要点表达得很仔细，像说明书一样，学生只要照着做就能做到；第四列则明确了家长能够做什么，方便家长指导。

当然，《温州市中小学劳动教育行动方案》里呈现了各个年级的劳动清单，这个方案从三个维度落实劳动课程，从家庭到校园，从校园到研学基地，建立劳动教育共同体，并从政府层面上去引领和推进，建立健全开放的共享机制，鼓励学生自觉参与、自己动手，随时随地、坚持不懈地进行劳动，完成日常生活劳动清单，掌握必要的劳动技能。

但教育与生活要融合，生活是立体的系统，我们不仅要帮学生形成劳动习惯，还要在班级里建立一个系统的习惯工程。从系统出发，有意识引领学生养成各种习惯，从而受益终生。

《正面管教》一书中写道：如果父母花时间训练孩子的生活技能，并允许他们通过实践这些技能来培养责任感和自信心，孩子就会掌握有价值的人生技能。当然，除了父母，还有老师，都可以让孩子通过实践养成技能并拥有责任感，从而掌握富有价值的人生强大技能。

20. 集体表达力提升：
儿童诗欣赏与创作

苦闷时，诵一句李白的"五花马，千金裘，呼儿将出换美酒，与尔同销万古愁"，心中的愁意随风散去；高兴时，吟一节杜甫的"却看妻子愁何在，漫卷诗书喜欲狂。白日放歌须纵酒，青春作伴好还乡"，人生快意尽在其中；失意时，读一段普希金的"假如生活欺骗了你，不要悲伤，不要心急！忧郁的日子里须要镇静：相信吧，快乐的日子将会来临"，就又会对生活充满了期待。

心流理论之父、积极心理学奠基人米哈里·契克森米哈赖认为现代繁多而疏于整理的资讯对人们意识中的目标和结构的威胁，将导致内心失去秩序，这就是精神熵。而写作就是一种能让学生体会到心流、在情绪紊乱中塑造秩序的方法。

于是，我在班级中开展诗歌课程，让学生读诗、写诗、颂诗，尽情表达。我尽可能地创造一个可以全身心投入的文字世界，让学生们把现实的烦恼从心灵中抹去。并让学生们在诗歌中陶冶情操，在诗歌中抒发情感，在诗歌中找到人生的方向，在诗歌中找到一生所爱。每一个学生都是天生的诗人，他们随手所赋皆成诗。我带着我的学生们读诗、写诗，能言说的和无法言说的，全在诗里，这样的浸润，难道不是好的教育吗？让诗的光照进童年，激发学生的创作力，激发学生的表达力。

写诗从模仿开始。提供已有诗歌形式，只是进行内容上的创作，就降低了诗歌创作难度，对于刚入门的小学一年级学生来说是非常必要的。

一年级语文课文《四季》是学生仿写的很好对象，项海洋对其进行了仿写：

四 季

项海洋

小鸟飞飞，

他对小草说：

"我是春天。"

小鱼游游，

他对青蛙说：

"我是夏天。"

秋风吹吹，

他对大树说：

"我是秋天。"

北风呼呼，

他对大地说：

"我是冬天。"

项海洋同学抓住四个不同事物表现四季变化，套用了课文《四季》的形式，但内容是原创，得到老师和同学们的肯定之后，更加喜欢诗歌创作了。

有些诗歌来源于同学们自己的阅读，体现了他们的自主性。读到什么诗歌觉得好，自己也学着写一首，学生们根据自己的兴趣来写，体现了很强的自主性。这样不是他人布置的"作业"，学生们也会越发喜爱诗歌。我们在班级微信公众号上开辟《每周一诗》栏目，把同学们的诗歌发布在上面，以下是他们的作品：

林　夜

邓妃雅

猴子在大树上睡觉，

种子在泥土里睡觉，

鱼儿在小河中睡觉。

猴子的梦是好玩的，

种子的梦是安静的，

鱼儿的梦是快乐的。

梦

邱添

头发在头上睡觉，

牛排在盘子里睡觉，

足球在球场上睡觉。

头发的梦是黑的，

牛排的梦是香的，

足球的梦是圆的。

过　桥

俞辰敏

小蜘蛛过桥，爬呀爬；

小猫儿过桥，蹦啊蹦；

小朋友过桥，跳呀跳。

年　轮

余沅泽

皱纹在眼角睡，

皱纹在脖子上睡，

皱纹在手上睡。

孩子们写的诗都来源于自己对生活的认知，从梦、林夜等自己熟悉的场景和事物入手，虽写得浅显，但不失诗歌韵味。拟人、比喻等修辞手法，孩子们运用得相当成熟。

"皱纹在眼角睡"，余沅泽同学用拟人手法写出了人老之后眼角递增的皱纹，让读者读出沧桑和无奈。

把同学们的诗歌编成诗集，在全班传阅，让每个同学都能欣赏到；举行朗诵会，让同学们读读自己写的诗歌，读读其他同学写的诗歌；开展诗词大会，让每个同学都参与进来，以赛代训，让同学们爱上诗歌，爱上创作。以这样的方式，促进同学们对诗歌的热爱，促进他们对生活的热爱，让校园生活丰富多彩，让同学们理解生命的意义。

人生匆匆而过，童年更是如此，愿学生们有诗和远方可以念想。

诗歌作为一种文学体裁还承载着心理疗愈的功能。读诗、写诗，能够展示学生们积极的生活态度，他们能从诗中领悟自己生命的意义，借以树立正确的人生观，积极乐观地活下去，努力追求生命的意义，这就是意义治疗的定义。诗歌强调了创造、体验和态度价值。诗歌是十分强调想象的文学样式，而积极想象是荣格心理学中重要的治疗技术之一。诗歌具备治愈和自主发展的功能，阅读和欣赏诗歌也具有转化和治疗的功效。

让学生们的天性在诗歌中得到释放，让他们表达对这个世界的认知；帮助他们把内心那个伟大的自我尽情释放，升华他们的思想、情感与灵魂。

21. 形成积极氛围：
鼓励信是积极情绪的档案袋

心理学家罗森塔尔曾经随机选了某个学校某几个班级的老师进行实验，他对这些老师说：我发现你们班上有部分学生很优秀，你们要用心培养他们。

结果发现其实并不是特别优秀的这批学生，在老师积极的心理状态影响之下，最后的考试成绩比其他班级要高，而且学生变得更加自信、活泼与开朗。

这是著名的皮格马利翁效应，讲的是人际期望，即一个人对另一个人的期望本身将导致期望成为现实。也表明来自他人正面积极的心理暗示，对于我们塑造自我认知具有强大力量。

学校教育中，教师难免要对学生的不良行为进行批评教育。而想让学生拥有一个积极的状态，就要用学生喜欢的方式去抵御消极环境的影响，让学生始终看到前进的希望，这就需要教师对班级的文化进行良性构建。

构建以鼓励信为载体的人际期望循环系统，就是在班级建立积极情绪的档案袋，打造富有凝聚力的赋能型团队。

鼓励信与表扬信，有相似处，有不同处。表扬信，是因为做了好事，有好品行，才被使用。鼓励信，不仅是做了好事，而且是有了进步，做出了努力，或是特别失意、困顿的时候就可以得到鼓励，抑或是表达老师对学生的期望，振作学生的精神，增强学生对自我价值的体验。

鼓励的对象是不固定的，班级里的每个学生都可以获得鼓励。我根据学生行为习惯养成的时间快慢，给班里 41 个学生各写了一封鼓励信。从第一封信到最后一封信，每一个收到鼓励信的学生都有了长足的进步。

那么，什么时候写鼓励信？该怎样写鼓励信？

写在学生特别困难时，点亮前进的方向。一年级刚建班时，班级里有个学生课堂上总是打瞌睡，叫都叫不醒。多次跟家长沟通，家长很配合，每天晚上八点多就让孩子就寝。半个学期下来，情况未有好转。我担心学生身体发育不良，就请家长带孩子就诊。经过检测，医生说因为孩子三岁时动过两次超三个小时的手术，过量麻醉药影响了孩子脑部神经发育，所以孩子的智商水平稍低一些。上课的内容，孩子有时听不懂，有时记不住，跟不上课堂节奏，容易犯困。刚接班，我们对学生之前的生活知之甚少，而今发现这个孩子竟承受过那样的苦难，遇到过那么大的挫折，于是我动笔写下鼓励信。

从更高的角度去看待生活，每个人都是英雄。点亮孩子的精神力量，在他们心中种下不灭的火种，让孩子拥有生活的勇气。生活中的不幸，很多时候是意外，谁都无力改变现状。但是，一个这样的孩子就要被社会抛弃吗？不，那样冰冷的事情不该发生在学校里，不会发生在我的班级里。人与人之间的互相温暖、互相鼓励，是一个社会文明的象征，是人性光辉的体现。

当我把那封盛满老师和全班同学真诚关怀的信送到这个小姑娘的手中时，她甜甜地笑了。当家长看到那封信时，给我们回了长长的感谢信。教育就是一个灵魂唤醒另一个灵魂，让爱抵达每个人的内心。

写在学生灰心时，重燃希望之光。有时，那些经常"犯错"的孩子其实是被遗忘的群体，我把鼓励的视角转向他们，让他们内心产生抵制不良情绪的力量，自觉主动去纠正不良行为。于是，我的鼓励信有了这样的内容：

亲爱的子晗小朋友：

我始终认为一个人的品质大于能力、大于成就，优秀的品质能让人终身受益。入学以来，你遇到了很多挫折，因为很多能力才刚刚开始发展。可贵的是，你从来没有退缩，诚恳接受，自信改正。每次老师指导你的时候，你都说："老师，我知道了，我会努力的！"这一份韧性着实让人感动。

百折不挠，坚持不懈，多难得的品质啊！而你却很早就拥有了它，祝贺你！

林老师

2012 年 10 月 11 日

鼓励孩子养成好的品格，那将是孩子一生最好的"名片"。这位同学的妈妈是个心理医生，她非常高兴看到老师这样鼓励孩子，她把这封鼓励信发在了微信朋友圈，感谢了所有老师。而她自己在家中，也将这份鼓励坚持下去。

写在学生努力时，巩固坚持的力量。那些表现优秀的学生也需要老师的肯定。老师的肯定会使他们坚持这样的良性行为，直至养成习惯。

亲爱的北辰小朋友：

秋假，我回了趟老家，看望了以前的学生，他们现在读三年级了。我和他们合影，给他们送糖果，大家开心极了！

这让我想到了我们的初次相遇，那时你一直拿着手机玩，还要求和我合影。我当时还担心，你会不会是个手机游戏迷。而当开始上课，你竟是那样的优秀。做事有条理，上课很认真，各方面能力强、品质好，这么好的孩子，是上天的礼物。

祝贺你呀，我亲爱的姑娘，请保持这样的美好！

林老师

2012 年 10 月 15 日

鼓励是种力量，每发出一封鼓励信，都要用正式的仪式来记录。不但班级举行隆重颁发仪式，且发在班级的微信群里，让所有的家长看到。这样表现不好的学生和他们的家长看到鼓励信后能够在班级里获得存在感和安全感，因为老师看到了他们的进步，看到了他们的优点，他们会更愿意参与到班级活动中来，会更配合学校的工作。

学生陈若初的鼓励信

坚持去鼓励孩子，他们能感到源源不断的能量流入心中，能更轻松地体会到生活中的美好。我有意地训练自己的眼睛、思维、心灵去感受班级中的积极事物，获得更多的积极情绪。我越是训练自己这方面的能力，就越容易发现班级中的闪光点，写出的鼓励信就更能鼓舞人。学生们则能获得更多的肯定，班级的积极情绪档案袋则更加丰厚。

在我写了 41 封鼓励信之后，班里的学生和家长都感受到了老师对学生的爱意，肯定老师的教育理念，于是班级师生之间的关系，家长和老师之间的关系，乃至家校关系都变得更和谐。

更关键的是，学生们因为老师肯定了自己，内心有了积极的暗示，就会向着内心期许的样子成长。相信美好的事情一定会发生，而现实生活一定也会回应这种发生，这就是皮格马利翁效应。每个学生在老师的鼓励信中得到尊重，得到理解，得到肯定，得到鼓励，那么他们就期望长成更好的样子，就会更加努力付出行动，那么积极的行为表现会越来越多，学生的积极情绪也会越来越多。

有一天，我收到了学生小孟给我的表扬信，他说："林老师，你每天都给我们写鼓励信，我也要给您写封信，感谢您！"小孟在信中写道："谢谢您像妈妈一样爱我们。我会努力学习，不让您失望。谢谢您，林老师！"

基于上面的实践，我开始思考：鼓励不能仅停留在老师给学生的层面，是不是可以以信为载体，构建班级德育体系，更好地促进班级建设？于是我着手绘制班级德育实施思维图，设计了师生之间、生生之间、家校之间的沟通内容和实现路径，最终形成了"鼓励是力量"心育课程。

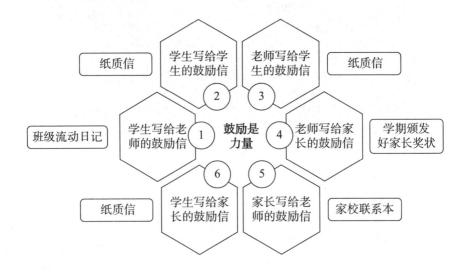

老师写给班里每位学生的鼓励信，是以明信片的方式传递，每一位获得鼓励信的学生都跟老师合影留念；每位学生按照学号顺序轮流给班级的同学写鼓励信，以班级流动日记的形式记录，在班级里读给每一位同学听；学生给老师和家长写鼓励信，信的样式自己设计，颁发的时间和形式也由学生安排；老师给家长写鼓励信，以期末颁发奖状、证书和发送短信等形式进行；家长给老师写鼓励信，可以在家校联系本和短信中进行。充满仪式感的写信、送信、表彰的过程，构建了良好的师生、家校关系。每一份表达的背后都是一份肯定和认同，都是对彼此深深的感谢。

"鼓励是力量"心育课程，主要是在呵护学生的心灵，但是这其中得到心灵润泽的仅仅是学生吗？

清晨七点半，我收到这样的微信内容：

亲爱的林老师，昨晚那么迟了，您还跟我说孩子在学校发生的事情，里面没有半分的责怪，有的都是理解和指导。我看到的时候都晚上11点了，不好意思发信息回复您，怕打扰您休息。我的孩子在幼儿园的时候，上课经常躺在地上不起来，我们全家都伤透了脑筋。上小学已经好多了，更难得的是遇到您这样的好老师，我很感激。您这样鼓励我的孩子，孩子变化很大了，我会支持您所有的工作。希望早上七点半，我这长达百字的感谢信，没有打扰您休息。

　　从感谢信里，我读到的都是满满的感激之情，都是体谅和理解。

　　鼓励是一份力量，使人奋进。多棒的心育方式呀！

　　鼓励承载的不仅是评价的功能，它起到的效果也是多元而立体的。

　　学生学会用发现真、善、美的眼睛去发现生活中的人、事、物的美好，会带着感恩的心去生活。收到小伙伴鼓励信的同学，能感受到伙伴的真诚；写出鼓励信的同学，会因为发现别人的美好、给予别人鼓励的力量而感受到美好；给老师写鼓励信、感谢信的家长和同学，是因为内心有了温暖而需要表达自己的感恩；收到感谢信、鼓励信、表扬信的老师和家长，能感受到自己的付出孩子们懂得，也会觉得欣慰。这是心育，也是德育，更是美育。

　　无论是学生，还是家长、老师，都能从鼓励信中获得喜悦、感激、宁静、兴趣、希望、自豪、逗趣、激励、敬佩、爱等这些积极的情绪。我们会将这种积极情绪的档案袋常常更新，让他们成为不断成长的档案袋，并且放在大家容易拿到的地方。当我们感到自己陷入消极情绪循环时，打开档案袋，回想那段记忆，重温档案袋中让你感觉良好的地方，积极情绪就会重回心间。当一个档案袋失去功效时，一定要换另一个，直至积极品质成为我们每个人身上的"符号"。

第三章

构筑高效学习场

22. 提升学生积极性：
任务分配清晰

"哎呀，林老师，我们班的孩子还是不会扫地，我说了那么多遍，他们还是记不住。"一位新手班主任向我吐槽。

"妈妈，老师说什么，我听不明白。我不知道该怎么做，题目就是不会写。"课堂认真学习的学生也听不懂，这是为什么？

"这道题，我说了这么多遍，为什么学生就是记不住？"这位老师需要思考一下，自己是怎么讲解的。

"老师，这件事情该怎么做？我没听懂，您能再说一遍吗？"不止一个学生发出这样的请求，这又是为什么？

班级学生课堂学习出现以上问题，背后的原因可能有很多种，但从管理者和组织者的角度分析，老师应该反思的是：我讲清楚了吗？作为课堂任务分配者，任务布置清晰了吗？米勒法则指出人类大脑最多同时处理5~9个信息。当老师没讲清楚、信息过多或者模糊时，学生听不明白，就不知道该怎么做，信息传达不到位，师生双方消极的行为和情绪就产生了。

"讲清楚"背后的含义就是——"我"说的教学内容是否清晰到位。讲述正确、科学、合宜，背后是对这件事情正确的认知与判断，反映的问题是——"我"想清楚了没有。

讲清楚的前提是想清楚了，课堂教育教学的效率就提高了。那么如何实现想清楚呢？

要了解学生。这个年龄段的学生的心理特征是什么，能力水平在什么位置，这件事情（任务）执行起来难点在哪里，老师在课堂学习活动中如何帮助他们降低（消解）这些难点？这是基本思路。

但很多时候不是因为老师不了解学生，而是老师自己心里对这件事情该怎样做没有清晰的思路。构建自己的思维模式其实是非常重要的，我们可以利用结构化思维、流程思维等方式来帮助自己想清楚。

首先，结构化思维有助于把事务考虑全面、到位。

结构化思维指一个人在面对工作任务或者难题时能从多个侧面进行思考，深刻分析导致问题出现的原因，系统制订行动方案，并采取恰当的手段使工作得以高效率开展，取得高绩效。

要解决一个具体的教育教学过程中产生的问题，如果有 A、B、C 三种方案，应采取哪一种方案解决这些问题呢？就要把这三种方案实施的路径、需要的条件、消耗的时间等进行层层分析比对，然后才能找到最优解决方案。

我就是运用结构化思维进行层层分解，穷尽所有方案，然后再在其中找到有效的解决方案。也就是要将教育教学过程中遇到的问题层层分解，把方方面面的可能性都想到，然后厘清达成任务需要的路径（策略）等，最终解决问题。

其次，流程思维图有助于厘清事务的流程。

竞选班干部的流程是什么？先做什么，再做什么，最后做什么？老师自己想清楚，然后告诉孩子们，那么孩子们只要跟着操作就行。当清楚流程后，就有了思考、可操作的维度，方案就可以被高质量完成。

个性化上岗流程图如下所示。

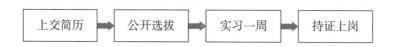

上页的流程图就能将整个班干部竞选的过程说得很清楚，显然，这就是

图示的优势。

将事务流程进行书面说明，把自己想表达的东西总结成书面资料，但并不只是单纯地整理材料，而应及时解决其中存在的矛盾，把含糊不清的地方弄清晰、精准，帮助我们正确看待整个事情的困难点。写出书面说明就是一个反复思考、锻炼大脑的过程。

我还十分注重培养学生绘制流程图的能力。在竞选班干部前，我会开展"班干部竞选流程图"海报征集赛，学生们纷纷组队分工合作，他们设计出的流程图细致到位，班主任再也不用为怎么竞选而烦恼了。

最后，5WHY思维从结果追问源头。

5WHY分析法又称"五问思维"，也就是对一个问题点连续以五个"为什么"来追问，以追究其根本原因。虽为5WHY，但使用时不限定只做"五次为什么的探讨"，而是以找到根本原因为止，有时可能只要三次，有时也许要十次。

我以"孩子们参加运动会接力赛积极性不高"现象为例，以5WHY追问原因。

为什么孩子们参加接力赛积极性不高？因为害怕自己不能胜任。

为什么不能胜任？因为孩子自己会掉棒。

为什么孩子们会掉棒？因为不熟练。

为什么不熟练？因为训练不够。

为什么训练不够？因为体育老师没有足够时间。

根本原因：体育老师忙不过来。

解决策略：班主任帮忙训练。

要实现精准表达。当遇到学生不理解的情况时，我们要反思自己：我把这件事情的每个过程都想清楚了吗？然后思考：我把每个过程讲清楚了吗？

很多人在讲述的时候，前言不搭后语，不知道所表达的核心观点是什么。

那么，有必要要求发言者理出所说每句话的内容，去追问前后之间的逻辑关系，区分哪些话语是直指核心观点的，哪些是不相关的，不相关的内容不说，只说相关的。组织逻辑的方法有两种：其一，纵向逻辑。纵向逻辑是指能一眼看懂的因果关系，比如"因为 A，所以 B""因为 B，所以 C"。其二，横向逻辑。横向逻辑是指能看懂的总分关系，没有遗漏和重复，即"A 包括 B 和 C"。

表达能力相对弱的老师，更需要列说话清单，先打草稿，在大脑中进行理性思考之后，再按照发言清单去说，这样表达就清晰了。如此这番，是能提高说话的质量、节省说话时间、提高做事效率的。

当老师讲清楚了课堂活动任务，学生才能听明白，当学生听明白了之后，学生大脑才会发出清楚的指令指挥行动去完成任务。

但老师在分配任务时，我还建议使用诱导法，通过一些语言诱导学生主动承担学习任务，这样任务实现的可能性更高。心理学上的不值得定律是指如果一个人认为某件事不值得做，那么他就不会好好地去做这件事。我们要让学生充分相信这件事值得去做，那么动力就此产生。

23. 提升教学效度：树立课堂结构意识

"同学们，今天老师给大家带来一段诗歌朗诵，请同学们认真听。"这个环节花去了 5 分钟。

"老师朗诵了什么，有谁知道？"

"《彩虹》。"

"是啊，《彩虹》。你看这就是彩虹。"

"你看到了怎样的彩虹？"

"这么美丽的彩虹，你有什么想对它说的？"

……

这是一节语文评比课，评委这样提问："李老师，你在本课揭题环节就花了 20 分钟，一节课总共就 35 分钟。你怎么看待这个问题？"

被问的李老师，无言以对。

很多老师会将教学设计、学情把握、自我展示看成是课堂教学的核心，这是正确的，但不全面。很多老师把自己在课堂上计划的一言一行都提前背下来，以期自己能在教学中得到不错的展示，达到既定的目标，这是正确的，但也不全面。很多老师精心设计了课堂的每个环节，生动地演绎着自己的课堂教学，这是可以理解的，但不科学。

为什么会产生这样的现象呢？那是因为老师没有课堂结构意识。学生、学习过程和学习情境相对稳定的组合就是课堂结构，合理的课堂结构有助于落实学生的主体地位，优化教学活动，有效达成教学目标。它包括课堂情境结构和课堂教学结构。

　　课堂情境结构由班级规模、课堂常规、学生座位等构成。相较而言，课堂情境结构比较稳定，老师们要特别注重两点：学生座位安排合理与否，课堂常规落实情况。同一学科不同年级的课堂常规大致相同，同一学科不同课型的课堂常规有所不同，不同学科的课堂常规差异较大。比如，音乐课上要求学生积极唱歌、跳舞，体育课上要求学生穿适合运动的衣物、积极运动等。

　　而课堂教学结构一定程度上会随着课堂教学的内容发生改变，包含时间结构、知能结构、认知结构、信息结构、训练结构等五部分。

　　用一个简单的思维导图去展示本文的核心概念之间的关系：

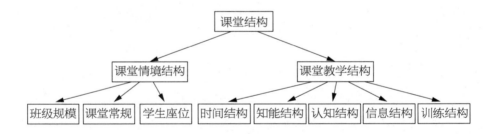

　　课堂时间是一种有结构的时间，学生在这个时间里学习知识。课堂教学结构一定要关注时间的分配。在课堂学习时间中，学生倾听时间占比、思考时间占比、练习时间占比、活动时间占比等都应进行科学分配和设计，这样一来，课堂总体的动与静、学与教、主与次都能够得到回答，以学为主的课堂就得到了真正的实践。

　　我们还要把目光聚焦到学生身上，让课堂的主体得到彰显。任何课只有遵循心理效应，从心开始，用心来教，才能真正实现"为发展而教"。去关注学生们在课堂中的一举一动，他们在教学环节的各个时间段都在完成哪些活动或者任务，他们身心投入到哪些地方，那么更细致的微格关注与研究就产生了。

教学目标清晰、具体、可测，这让知能结构合理、科学，其中一定要包含知识容量、技能训练、过程方法。哪个具体目标在课堂哪些环节落实，通过什么样的方式达成，具体过程使用了哪些方法，这都是知能结构的内涵。

认知结构要求按照认知规律，合理安排教学过程，组织课堂活动。当学生大声朗读一段时间之后，应该组织学生进行非朗读类活动，比如谈谈感受、写写字、思考问题。

信息结构要求课堂信息传递是快速的，需要及时反馈，从而提高师生之间活动的积极性。这时候课堂理答就显得非常重要。学生反馈来的信息，老师如何进行评价和引导；老师提出的问题等课堂上的信息，以何种方式传递给学生，让学生快速明了，做出反应，从而减少课堂不必要的时间和精力浪费。

训练结构规定了内容、方法、步骤。在训练过程中，要达到巩固知识、培养能力和形成方法的目的。要关注每个教学任务的落实到位，讲究巩固的方法和流程，每个流程落实到位之后，课堂落实才能有希望。好的课堂一定要关注教学的方式、方法。

每个老师都要有课堂结构概念，合理分配课堂时间结构，明确需要达成的内容是什么，明确采用什么样的方式、方法达成，能够确定学生在课堂中的主动时间和空间。当老师们头脑中有这个概念时，就把握住了课堂的主体。

每当要上一节语文课，我就会思考：这节语文课类型是什么？复习课？新授课？习题课？不同类型的课堂教学结构不同，复习课不能上成新授课，否则缺失效度，学生也不积极参与；新授课不能上成复习课，重点教学内容不具体落实，学生会没有办法吸收，那么更谈不上追求教学效率和质量。而后，是设计教学各个环节，分配各个环节在课堂上的时间，细化每个教学流程，内化重点环节需要精细教学程度。

比如教学三年级下册第五单元第17课《我变成了一棵树》第6自然段："我变的树上长满了各种形状的鸟窝：三角形的、正方形的，还有长方形的、圆形的、椭圆形的、菱形的……风一吹，它们就在枝头跳起了舞。"教学活动中，我就设计了三个连续学习任务，以保证本语段的教学实现合理的教学环节及流程，达到课堂结构设置的科学性。

学习活动一	学习任务一：学习文本，补白想象文中的"鸟窝"
抓住关键词，体会想象这棵树有各种形状鸟窝的生动。	子任务一：学习课文中的"鸟窝" 1.用横线画出有关树的特点的关键短语。（各种形状的鸟窝） 2.圈出课文中描写的具体形状。 3.想象一下，这些形状会是什么样的？ 4.在学习单中的"树"上画出课文中描写的具体形状。 子任务二：补白省略号中的"鸟窝" 1.省略号里可能省略了哪些鸟窝形状？ 2.再次把想象到的"鸟窝"画到学习单中的树上，并谈谈体会。 子任务三：读出对"鸟窝"的喜爱
学习活动二	学习任务二：拓展练习，想象多样的"树"
抓住文本关键句迁移运用，发散思维想象。	1.完成想象练笔： 我变成了一棵 ＿＿＿＿＿＿ 树：＿＿＿＿＿＿， 还有 ＿＿＿＿＿＿ 。 2.反馈交流所写内容。 3.相机选择教学。例：这些颜色你想送给哪个鸟窝？说说理由。 4.将这个颜色动笔涂到自己想送的鸟窝上。
学习活动三	学习任务三：创意表达，演绎自己想象的童话
丰富体验方式，感受想象有意思。	1.说一说：看到这样的鸟窝，你想说什么？ 2.想一想：你想邀请谁住进哪个鸟窝，为什么？可以联系上下文来谈。并将动物图片粘贴到相应的鸟窝上。 3.演一演：四人小组合作表演，它们是怎么住进鸟窝的，怎么生活的？

当老师有了课堂意识之后，在设计教学方案的时候，才能明白重点是什么，只有把握住重点，才能把课上好，课堂才有效度。上面的案例清清楚楚

写明了这段话中的教学需要落实三个重要的学习任务，并执行随之产生的系列活动，每个活动学生该干什么，老师也了然于心。

总之，课堂教学是科学和艺术的统一，科学具有规律性的内涵，艺术具有创造性的外延，我们需要在科学的基础上去探索艺术。

24. 营造学习氛围：
察"眼"观色助推学习参与感

"小明同学，请你说说刚才老师提的是什么问题？"我叫了几次小明的名字，他都没有反应。

"丽丽，刚才这段话主要讲了什么意思？请你再重复一遍？"丽丽支支吾吾说不清楚。

"花花，你坐得很端正，老师请你来回答这个问题。"花花慢吞吞地站起来，很显然，她虽然坐得很端正，但人在心不在。

德国著名的心理学家梅塞因说过："眼睛，是了解一个孩子最好的工具。"以上提问，我是根据学生的眼神判断出学生的学习状态，故意为之的。眼睛是心灵的窗户，眼神常常出卖学生的内心。"眼神"是眼睛的神态，即眼睛的"精神状态"，是大脑视觉功能的"显像屏幕"。我在课堂上经常和学生进行眼神互动，这也是一种精神互动。当师生眼神交流的时候，能激发学生大脑视觉功能效度，从而提高教学的有效性。

上课铃声响过之后，我会扫视全班，与学生进行眼神交流，提醒学生上课了，让学生收心，这属于组织教学的环节。我时常以端庄的站姿、亲切的眼神、微笑的表情，辅以上扬的手势，示意学生课堂即将开始。当我将眼神聚焦到某个同学身上的时候，就是在提醒他："请你马上将注意力放在学习上，回归课堂学习的状态。"我以比较柔和的方式，将学生游离在课堂之外的学习状态拉回来，让他情绪饱满地投入到学习中，这成为了一种课堂"仪式"。

在课堂学习的核心环节，尤其是在以我为主导讲解课文时候，学生作为倾听者，我会及时关注他们的状态。当学生能够随着老师讲解的PPT"目不转睛"，并时常点头、回应，那么我就可以判断学生学习状态在线。经常有些学生在课堂上的姿势坐得端端正正，可是课堂上练习的完成质量很差，连这堂课上刚教过的生字的基本笔顺也错了，这是什么原因呢？观察这个学生上课时的眼神就会发现，这个学生表面姿势做得很符合标准，但是眼睛根本不转动，眼神呆滞，目中无光。这时候，这个学生要么在发呆，要么脑海里翻腾着电视上、游戏里吸引人的桥段，是典型的"神游太虚"，是另一种形式的"多动"。

于是，我用眼神再次扫视全班，特别看向这些学生，提醒他们。我也会经常刻意提问几个眼神"不在状态"的学生，十有八九，学生回答不上来。这一问有敲山震虎的意味，那些同样注意力分散的学生会回过神来，开始认真上课。同时，我也会用眼神提醒那些急着要回答而未深思熟虑的学生再认真思考一下，还会把眼神投向坐在教室四周边角的学生，告诉他们每个人的学习状态都被老师关注到了。

此外，我会以口头形式布置课堂学习任务，还会让学生一边读课文，一边圈画关键词，将听觉的感官和视觉的感官相结合，这有助于激活学生的思维，提高学习效率。

很多老师会忽略学生读书的声音。全班学生在齐读课文的时候，我巡视全班，会俯身听一听学生的朗读声音，看一看学生定睛在什么地方，还能从学生的语调、语速、重音、时长等判断出学生此时的学习状态。这样能提醒那些准备浑水摸鱼的学生，让他们积极参与到朗读中来。大声读出课文，能够让学生各个感官都参与到朗读中，学生能亲耳听到自己读得语音标准与否，停顿得当与否，感情到位与否。

当我不能及时走到学生身边检查他们的朗读情况时，我会用眼动追踪法来了解学生当时的学习状态。此方法更多地用于视觉学习过程，根据学生眼睛的注视时间、注视位置、眼动轨迹等指标，来了解和分析学生对学习的投入程度，对学习内容的获取和加工过程。除了眼睛，面部表情是由额—眉、鼻—颊、口—唇等面部器官肌肉运动组成的，口的一张一合，唇的伸缩舒展，脸颊肌肉的静与动，眉毛的蹙与弯，都可暴露学生此时此刻的学习状态。

当课堂结束的时候，我也会用眼神和学生交流。用和蔼的眼神看向每个学生，跟他们说："这节课，你都学到了什么？"以这样的问题告诉学生：时间匆匆而过，每节课都要认真学习，才能有收获。认真学习的学生就会有获得感，老师则有欣慰感。

在整堂课的眼神交流方面，我做了以上的探索。但在实践过程中，还应注意：要尽可能跟每个学生进行眼神交流，交流次数要多，转换要快。不能将每节课的全部时间用来"偏视"几个孩子，要有面向全体的意识，尽可能每节课看向不同的学生，让每个学生都能体会到老师真切的关注。眼神交流要有深度和广度。

眼神交流的时间要充分。据心理学家测试，眼神接触的时间应达到全部课堂时间的60%～70%。老师要尽可能熟悉教学流程，积极推进各个环节的生成和互动，更多用眼神关注学生的学习状态，及时提醒，适时改变自己的教育教学方式。

"虽然不言不语，叫人难忘记。那是你的眼神，明亮又美丽。啊，有情天地，我满心欢喜。"让眼神交流成为师生良好关系的催化剂。

25. 优化学习方式：
多感官参与

"我在说话的时候，我家小孩总是只管做自己的事情，头都不朝向我，更别说眼睛看着我。但是他能清晰回答我所问。在学校里，他也这样，课堂上总是低头管自己。呀，都不知道怎么教他！"

"我班有个孩子，上课的时候，不是动来动去，就是低头玩橡皮泥。你说他上课没听吧，但所有的问题都能回答，作业正确率也很高。你说，要不要跟家长说说，让孩子上课坐得端正点？"

上述对话中的孩子，其实是学习感官偏好的。每个人感知这个世界，都是在运用不同感官接受信息输入的。因为感官分为多种，那么就对应多种的感觉信息输入。但不是每个人在使用多种感官的时候都一样平均用力，不同人对不同感官接收信息的敏感性不同，体现在不同的感官偏好上，常见的有视觉偏好、听觉偏好和触动觉偏好三种。上面故事中第一个孩子属于听觉偏好型，他未必是行为不良的孩子，只是他在学习时更擅长用耳朵听。

如果老师不知道学生在使用感官上有这样的不同，是一件非常糟糕的事情。那些偏好以动觉感官、听觉感官学习的孩子，很可能成为被批评的对象。

瑞士心理学家维雷娜·卡斯特（Verena Kast）发现，经过三个月的多感官训练后，阅读障碍儿童的拼写和写作水平改善了19%~35%，这比一般方法的干预更有效。于是，我们在教学中应倡导多感官学习法。多感官学习法主要是指对学生进行听觉、视觉、触觉等各个感官的刺激，同时通过创设良好的教学情境，有效地调动学生的视、听、味、嗅、触觉，使学生的多感官（眼、耳、口、鼻、肢体）受到信息的刺激，帮助学生以多感官的方式去吸收、体验，从而全方位地开发包括"体能、识别、感官、音乐、语言、人格和社交在内的七大潜能"。

我尽可能认真地了解每一个学生的感官偏好，使用多感官教学设计去教学，让学习内容变得立体、直观，让每个感官偏好不同的学生都得到信息输入，有利于他们在课堂上联想、记忆和理解。

图片、文字、表格等方式是适合使用视觉感官学习的。声音是听觉偏好型学生最欢迎的信息材料，动觉偏好型学习者喜欢亲身体验、动手操作等方式。当然，还有一些学生没有明显的感官偏好。班级中的学生的学习感官偏好有那么多的不同，如何实现单位时间里高效完成教学任务，势必要求教师设计时以多种方式介入。听、说、读、写等，每个内容合理安排；声音、图片、动作等，不同信息输入方式有机结合。瑞士心理学家、认知神经学家默里·享利（Murray Henry）等人发现，在学习阶段，当语义信息以声音和图片方式同时呈现时，学生对其再认的准确率要显著高于只呈现图片时，即多感官学习促进了单感觉记忆的检索和迁移，且增强了学生对抽象概念的理解和记忆。

故事讲一讲。教师使用动听的语言讲述一个个精彩的故事，寓教学内容于其间，让有听觉偏好的孩子感官得到兼顾。固定的教学内容，要用怎样的方式去演绎和传递，这考量着师者的智慧。寓教于乐，是讲故事这种教学方式的优点，自然而生动。

动手做一做。很多课堂都是一味讲解，这对学习目标的落实非常不利，学习方式过于单一。科学课上的实验，让学生们积极观察、判断、总结，让所有理论知识在操作过程中得到证实，学起来就更轻松。所以能让学生们动手做的，就让脑与手都动起来，这样，不仅有动觉感官偏好的孩子得到关照，全班同学都得到了发展。

游戏玩一玩。课堂教学的方式不应该单一，也不可以单一。我们需要将所有形式整合起来，实现教学效度的最大化。枯燥的拼音教学中，是不是可以让学生动手拍一拍儿歌节拍，让课堂的教学方式动起来？生字词教学中，开火车接龙读一读，同学们是不是更易接受？让每一种感官偏好的同学都能从课堂上找到令自己兴奋的方式，从而让教学目标以最快的速度达成。

小组议一议。讨论，很多时候不是课堂教学的必选方式，但却是非常有效的方式。很多学生有动觉偏好，在面向全班的时候，他们并不能很好地得到展示，但在小组讨论过程中，他们就能发挥和展示个人能力。有些相对内向的学生，面对全班不敢表达，但在小组内却能敞开心扉。让不同性格、不同感官偏好的学生都能在课堂学习中得到个性的舒展，这是课堂教学科学、人文的体现。

不同感官学习偏好的学生会形成不同的才能，老师和家长需要引导和关注学生，发现他们的独特之处，帮他们找到成才之路，获得成长勇气，面对不同的挑战。

不仅如此，多感官学习方式对患有自闭症、多动症的学生也有疗愈作用。当然，这是心理学家才能够表述清楚的内容，本文只能浅论至此。

26. 沉浸式表达：
课堂笔记与"心流"

"我的记忆力很好，课堂笔记从来不做，都记在脑子里。老师，要不，你考考我吧。"

"当真？那我就问问你，'乐'总共有几种读音？"

"啊，这个太多了，我记不住！"

"所以啊，还是动手将老师在课堂上讲的重点记一记。不是你记忆不好，而是每天我们要学习太多东西，我们的大脑也会累的。"

"好吧，老师，我以后会做笔记的。"

人们常说，"好记性不如烂笔头"，再好的记忆力，都不如写在纸上的东西更不容易被遗忘，这也间接说明课堂笔记的重要性。教育心理学认为，记笔记是一种精细加工策略，记笔记是学生自我监控的过程。但课堂笔记的作用远不止于此，它能将感知转化为联想、分析、综合，再转化为用文字、图画表达的比较复杂的思维过程。学生沉浸其中且完成之后，能有一股满足感洋溢在心中，这份满足感在积极心理学中被称为"心流"。

在小学阶段，什么时候开始让学生做课堂笔记，这恐怕要引起争议，因为不同老师的想法是不同的。我个人的观点是从小学一年级开始，一年级的课堂所要记的内容相对简单和量少。这里必须要强调的是，对于小学低段学生，一定要让他们听完老师的讲授之后，再拿出一些时间去做笔记。也就是说，这个记笔记的时间要占取整节课的一定比例。这个阶段的学生如果边听边做笔记的话，注意力很可能会分配不过来，为了完成笔记，就只记不听，那这样就得不偿失了。笔记可以检验学生课堂上学习认真与否，但习得多少，是建立在课堂上听到多少的基础上的。

以语文课为例，针对小学生注意力不持久的特点，我没有让学生们另买一本笔记本做记录，而是要求他们直接将笔记写在语文书上。每当学生翻到本页时，就能看到本页上所有重要的内容，重点知识和核心内容在不经意间得到巩固。期中和期末复习时，学生也不用再翻笔记本，一本课本就足够复习旧知，减少时间浪费，提高复习效率。低年级的学生很容易丢三落四，笔记本很容易遗失，而且各科都有笔记本，对于他们来说也是负担，但大部分的学生是很少去失课本的。

实践过程中，很多学生刚开始时就连笔记要写到书上的哪个位置都要老师指出，于是老师就可以比较死板地告诉学生写在语文书的哪个角落，这样一来，复习时，万一有孩子忘记记在哪里了，只要问问同桌，就能找到，那就方便多了。

随着年级的上升，学生的课堂记笔记能力会随之上升，当然这需要教师有意培养。二年级学生的笔记能力肯定强于一年级，笔记的效率提高，笔记的内容会更丰富。到了三年级，学生基本上能将课堂上的重要内容做比较详细的记录了。这个时候可以让学生彰显自己的特点，边听边记录自己需要记录的内容，甚至可以将自己的思考及时记录在书上。

不仅如此，很多学生还能使用不同颜色的笔做笔记，但使用颜色不建议过多。大体上的建议是：为了跟语文书上的文字的颜色区别开来，笔记尽量用红色，复习时，重要的点或容易遗忘的地方用蓝色勾勒，这样既有美感，又通过色彩刺激让大脑进行深刻记忆，还不会太乱，呈现学习过程的层次性。这里运用了知觉的选择性。

当然有些学生会用不同颜色记录不同的内容，并没有按照班级的规定走，但只要他自己知道所记的是什么即可。学生自行赋予不同颜色不同的重要性，能够体现自主性，有利于他学习积极性的增加。

到了四、五、六年级时，因为学生经过了几年的训练，可以给每个学科单独配　本笔记本，而此时的笔记要有更高的要求了。各个记录环节要有清晰的思路，并且随着课堂的学习，呈现逻辑序列，体现知识学习的递进，让人一眼便知本课学习的核心内容和重要提示点。重点、难点、疑点，都是课堂上要记录的，尤其是疑点，更要课课清除，可以利用查阅工具书、请教他人等方式进行解决。还要留有空白之处，以便复习时插入新的内容，这样可以连接前后知识，可以写下自己的提示，还可以备注自己新的认知等。甚至有学生将本课相关联的错题记在笔记本上，那就丰富了笔记的内容，更好地挖掘笔记本的内涵。还有的学生会落款具体的年月日，这也很有意义。

有些素质比较全面的孩子，能将笔记图式化，这也是非常有意义的。小学生的记忆以形象记忆为主，他们根据自己的特点和喜好，把笔记绘成生动

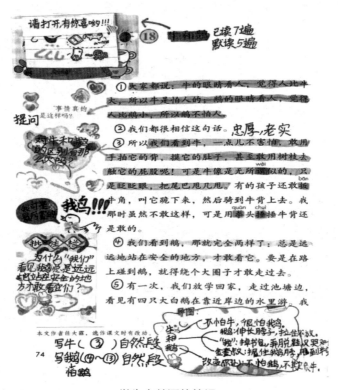

学生方楚涯的笔记

的画面，更有利于知识的联结。像思维导图类图式，能把本要用复杂语言表述的内容，用简简单单的一张图展示清楚，其效率非常高。

上页图的右下角，方楚涯同学就以思维导图的方式做了课堂笔记，且设计得非常有艺术性。

四年级上册语文第六单元都是写"童年回忆"的文章，主要学习用批注的方法阅读，语文要素之一是"通过人物的动作、语言、神态体会人物的心情"。我在这个单元的教学中，指导学生做手账式批注，还在班级公众号上举行多期向上少年班手账式批注展览会，展示学生们的优秀作品。学生们非常喜欢，他们觉得自己的学习成果有意义且得到了肯定，确认了自己的学习能力。

第一期展示的是《牛和鹅》这一课学生们所做的手账式批注，这里展示刘星辰同学的作品：

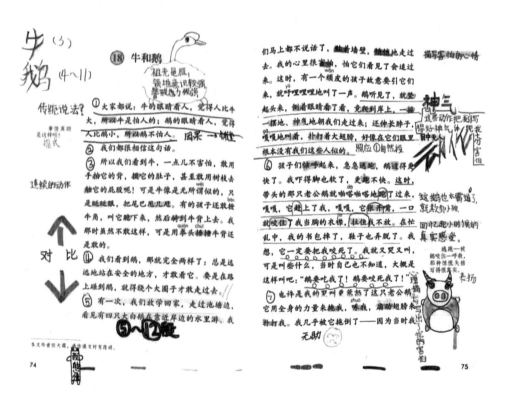

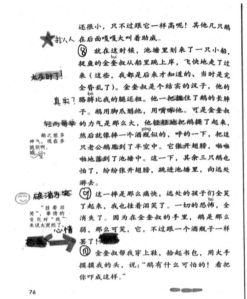

学生刘星辰的笔记

上面这幅手账式批注作品，不但将自己批注的笔记做了生动的记录，比如第五自然段先用彩笔将描写白鹅动作的"竖、侧、爬……"等词涂上绿色，然后写下自己的批注"这些动作把鹅写得好神气，体现了我十分害怕"。还将书中的主人公牛和鹅进行了形象创作，比如在课本右下角画了一只肚子很大的鹅，在鹅身上不同位置做了不同的笔记，对"无所谓""当胸""大概"这些词的意思做了记录。

学生们的作品非常丰富多彩，有的将自己喜欢的漫画人物用彩铅勾勒出来，和自己所做的笔记融合在一起；有的会贴上自己喜欢的和课文内容相关联的卡通贴纸，并在批注等笔记旁边画上图案，使版面更美观；还有同学用不同彩色边框勾画了笔记内容，书本上空白处不够记录的话，还在书中做插页，将自己的笔记作品更完美地呈现。

第二期、第三期班级公众号分别发布了《一只窝囊的大老虎》《陀螺》手账式批注作品展示。

19 一只窝囊(nāng)的大老虎

① 我念的那所小学每星期六下午全校开周会，会上总有文艺表演。由十二个班级轮流演出，每个学期一个班级至多轮到两次。

② 我一直没在台上表演过，看着同班的小朋友在台上又唱又跳，边说边比动作，我真羡慕得要死，我多想在台上露露脸，尝尝大家都看着我、给我鼓掌是什么滋味。

③ 有一回又轮到我们班表演，班主任在分派角色的时候，我殷切期待的目光可能引起了她的注意。分派到最后，她看了我半晌才下决心说："就这样吧，你扮老虎。"

④ 这一回我们班演的是《兄妹历险记》，中间有这么一个情节：兄妹俩在森林里迷了路，碰上一只大老虎。我就扮这只大老虎，用不着说话。

⑤ 于是开始排练。我穿上老虎皮，那是一件画着黑道道的黄布连衣裙，背后拖着一条黄尾巴。

露 {(lòu) 露面儿 (lù) 露水}

老虎皮，画着黑道道的黄布连衣裤，拖着硬硬的尾巴，半脚儿露在外边。

⑥ 这倒好，脸还是露不成，捧着严严实实的"头盔"，我正发愣。那个演哥哥的小朋友还故意退我："你会豁虎跳吗？"

⑦ "不会。"我只好照实回答。

⑧ "不会豁虎跳算什么老虎？"他撇撇嘴。

我没想到，事到临头还会出现危机，我看着老师的脸，就怕她改变主意。

⑨ 老师真是个通情达理的好老师。她说："不要紧，扮老虎不一定要豁虎跳。你先四脚着地爬上台，见了他们兄妹俩就站起来，向他们扑过去，他们一跑，你就追。等到猎人上场，对你连开两枪，你就躺下来——死掉。记住了吗？"

⑪ "记住了！"我连忙答应。我有充分的自信，以为当老虎很容易，看自信，以下文作铺垫。

⑫ "现在开始排练。你把老虎头套上。"

⑬ 套上老虎头，一股霉蛀味儿直冲脑门，眼前也一片模糊，罩得眼睛那儿花了。

角 {jiǎo (羊角) jué (角色)} 哄 {hōng (哄骗) hòng (哄闹) hǒng (起哄)}

⑭ 老虎，大型肉食动物，别名"大王""兽君""寅客""啸风子"等等。性情凶猛。

虎者，阳物，百兽之长也，能执搏挫锐，噬食鬼魅。

生龙活虎：形容有生气有活力。

龙腾虎跃：形容强壮非常活跃。

如虎添翼：比喻强大的人得到帮助更强大。

虎虎生威：为一种让人敬畏的气势。

卧虎藏龙：比喻潜藏着人才。

老虎和狮子谁更厉害？

⑰ 终于到了星期六，到了下午，到了我们班演出的那个时刻。

⑱ 我穿上老虎皮，套上老虎头，紧张地等候在后台的上场口。忽然背后有人轻轻推了我一把。我知道推我的是老师，立刻弯下身子爬上场去，嘴里啊呜啊呜直叫。只听见台下一阵哄堂大笑，笑得我脸上一阵阵热，我也感到了我的紧张和慌乱。

经过排练，我革命的表演把全场的老师同学都逗乐了，他们从没看过这样窝囊的老虎。

⑲ 我一直到现在还不明白：到底什么地方不对头。我的表演究竟失败在哪里？我至今还想不明白。等到幕布拉下，我站起来，听到后台老虎头，满头满脸都是汗。

⑳ 老师倒没说什么。那位演哥哥的小朋友轻声叹气地对我说："你一出场就豁几个虎跳，那就强多了。"我返回答他，可是心里想：是呀，要是我会豁虎跳，这场戏就不至于砸了。我打心之后，更没自信了。

㉑ 后来呢？后来我发誓，今后决不再扮演老虎。可是每回上动物园，我总要去看看老虎，想看看老虎是怎么豁虎跳的。可是老虎在笼子里不是打瞌睡，就是垂头丧气地踱来踱去，从没见过它们豁过什么虎跳。

㉒ 为什么不会豁虎跳就不能扮老虎呢？又为什么没豁虎跳就会惹起哄堂大笑呢？我至今还不明白。

学生刘沐辰的笔记

《一只窝囊的大老虎》这一课学生所做的笔记文字表达更多，更能体现笔记本身的意义。《陀螺》这一课的手账有的同学仍采用了前面两种方法记录，而有的同学做了变化，你看下面这两位同学的作品，也十分生动。

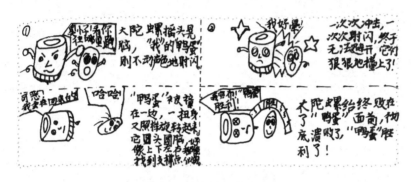

学生毛舒奕的笔记

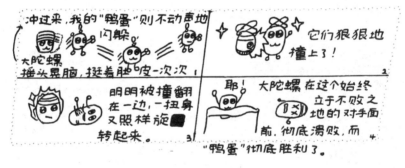

学生刘沐辰的笔记

当然，我要强调的是：不要为了做笔记而做笔记，而要为了学后再整理、复习时用，完全没必要的笔记不要做。课堂笔记，不仅仅是记录、巩固重点知识的手段，也是日后复习的重要依据，还是孩子学习的显性成果。

很多老师认为做笔记会浪费课堂学习的时间，其实这是个错误的认知。恰恰相反，做笔记是促进课堂学习的方式之一。持这样偏见的老师是因为没有真正地进入实践层面，当具体到操作层面时，采取一定的方式杜绝只听不记、只记不听的情况，自然就能认识到做笔记利大于弊。如果学生没有认真听课的话，课堂笔记根本做不下来。要投入全部的专注力，才能将笔记完整地记录下来，这是对专注力的检验。当然，上文就强调过，我们是让低年级学生认真听讲之后，特意留出时间做笔记的，等到学生养成习惯、形成能力之后，再让他们边听边记，这时的学生有足够的能力完成任务。

再者，课堂始终处于动的状态，如果教师给予学生小部分安静的时间，让学生整理本课所学，让他们有吸收和内化的时间，那对提高本课的效率也是不错的方式。刻意给一些时间让学生做笔记，何尝不是对课堂节奏的平衡呢？做到动静结合，让学生动得起来，静得下来。做笔记的过程，其实就是学生思维展现的过程，学生在做笔记的过程中，也强化了自己的思维能力。

总而言之，学生沉浸在课堂学习中，积极做笔记，全身心投入，获得"心流"，就更愿意参与到学习中。课堂笔记有助于学生专注力的培养，有利于学生认真倾听等良好习惯的养成，有利于思维能力的形成，是教师和学生都应该去重视的课堂环节之一。不但课堂上要做笔记，课前预习、课后复习都要让学生养成做笔记的好习惯。

27. 提升学习精准度：
有效度的检查

"哎呀，你怎么这么粗心，做题目都不知道检查一下吗？"

"妈妈，我已经听你的话了，认真检查了，为什么还是错的？"

"检查检查，每一题做完，一定要检查一下的！"

很多老师和家长都会跟孩子们说，做题的时候，要检查一下，但是谁也没说该怎么检查。于是检查就停留在了概念的层面，没有落实到具体的行动中。

学生们不会检查，或者检查不出什么问题，是有原因的：一是跟学生的年龄有关，年龄小的学生注意力广度和持续时间有限；二是学生不知道如何检查，缺少对应的策略，所以即使老师说了又说，催了又催，还是不能完成。如果我们能有方法精准指导学生们检查，减少失误率，那就能减少学生们的挫败感，提高他们学习的积极性。

检查是一种态度，是对自己负责任，是做事严谨的表现。那么该怎样检查呢？

首先，我们要确定检查的重点内容是什么。我们需要做到心中有数，哪些地方有陷阱，容易失分，哪些地方最不容易被检查出来，要进行总结反思，这样才能让检查的意义发挥出来。

检查答题时特别犹豫不决的题目；

检查答题时思考时间特别长的题目；

检查答案感觉特别不舒服的题目；

检查答题过程是否正确，是否抄错题目数值；

检查答题步骤是否清晰，每个步骤都不要落下；

检查方法使用是否得当；

检查书写是否正确，如果是计算学科，就要检查计算结果，需要通过验算去检查；

检查格式是否合规，比如书信、数学应用题列式计算等都涉及格式。

其次，要关注检查的技巧。

很多老师会说，我已经叫他们做完一题，马上回去看一下，哪些题目如果没做，就能发现。但是这个检查方法只能针对漏题的情况，学生做错题该如何检查？很多老师还没有细致到这样的层面。所以我们应该要认真思考和研究这个问题的解决策略。

对于漏题、错字的现象，可以采取指读检查法。指读检查法就是让学生用手指指着每一个字，一个个看过去，做到手到、眼到、心到，这样就能避免漏题和写错字。这个方法对任何学科都适用，在需要精细化观察和发现的时候，能有效纠正错误。比如，对于语文学科按课文内容填空、看拼音写词语等，都比较有效。

伴随着指读检查法的还有默读检查法。很多时候是因为学生没有认真读题，造成了错误。那么可以让学生从重点题目开始去检查，轻声或者默读题目，然后重新回答，看这一次的答案是不是跟上次的一样。

很多时候需要去深入思考，理解整个题目，才能检查出问题。就像语文学科，需要结合具体语境去推敲选择词语是否合宜。"中庭地白树栖鸦"，这个鸦和鸭的意义是不一样的，能够栖息在树上的只能是会飞的鸦，而鸭则是家禽，多为贴地行走。这样的检查法，可以称之为理解检查法。

一道数学应用题或语文阅读理解题，需要对题干中关键的地方加以圈画、特别标注检查。对于做数学题目经常抄错数字的同学，就可以将这些数字圈画出来，提醒自己，与自己在答案中的数值相对照，那么就能很快检查出问题。圈画关键信息的方法，非常实用。当一道题目表述很长的时候，通过圈画关键词去答题和检查就比较容易了。这种方法对于审题容易出错的孩子来说，非常有效。

不同的学科检查的方法是不一样的，但大体上相通。尤其要提醒的是，在检查出来问题但自己不是特别确定的时候，不要轻易更改答案。

任何人在第一次作答的时候，都会面临失误，减少失误的方法就是做好检查工作。教会学生们怎样检查，让他们减少失误率，正确率就提高了，就能让学生在学习过程中获得良好的体验，促进学习自信心的提升。小检查，其实有大意义。

28. 重塑学习信心：
指导学生撕掉马虎的标签

完成语文课堂作业本时，常有学生抄写也会错，明明是"披着碧绿的衣裳"，学生就会抄写成"披着绿油的衣裳"。对着这个学生将正确答案讲三遍之后，学生还是写错，只有你将答案写在本子上，学生才能照着抄，但有时也会将某个字的偏旁抄错。这样的现象不仅出现在语文学科，其他学科也有。

曾有一个数学老师做过统计和分析，发现错题中大约有 43% 都不是计算错误，而是抄错题目。最多的是抄错数字，把 350 抄错成 530；也有的就是抄错运算符号，把＋看成—，把 ÷ 抄成 ×；还有的是抄错小数点的位置；等等。另有的是第一步计算正确，到了第二步却在抄写过程中抄错了，导致了结果错误。数学、科学涉及计算部分很多，学生犯这样错误的概率更高。

很多学生不是能力不行，不是思维不行，而是粗心。很多家长和老师认为这样没关系，只要提醒一下就能让学生改变。但只要对某个学生进行长期个案观察，就会发现这个习惯非常顽固，总是会让孩子与高分擦肩而过。这样的现象不仅小学阶段频发，初高中更是普遍存在。

在很多人看来的小问题，其实是"大祸害"。那么这一现象背后的原因到底是什么呢？

其一，情绪有时是核心问题。

宋少卫老师在《学习治疗手册》中明确指出：马虎只是表象，背后有复杂的心理机制，牵扯了认知动机、情绪等方面。

在小学阶段，抄错内容最高发的两个时间段为期末和五六年级，为什么是这两个时间段？

期末，很多老师会发很多练习材料和试卷，学生频繁地在各科的题海中穿梭，还要面对老师和家长对分数的"虎视眈眈"，压力巨大。压力越大，情绪越不稳定，情绪不稳定，内心躁动，做题目更没有耐心，然后这样的错误就更容易犯。

五六年级的学生很可能要应对身心发展不和谐的问题，这已经令他们很焦虑了，而此时学习的难度和压力加大，导致很多学生在做题时情绪不稳定，对作业也因此产生抗拒心理。在这样的心理状态下，很难静下心来去细心答题，那么错误发生的概率就更大了。

遇到作业特别多的情况，学生内心厌烦，而叠加完成该项作业所剩时间很短的情况，学生内心就尤为紧张，就更会发生这样的抄写错误。

其二，身体器官功能性不足。

有的孩子的视觉器官构造或机能发生部分或者全部障碍，这叫作视觉障碍，需要去医院进行专业的检查，在医生的建议下，进行科学的治疗。

视觉障碍细分起来种类是比较多的，常见的是屈光不正与调节障碍。一部分学生会因近视、远视、斜视等原因，造成视知觉能力失衡，而这需要专业的医生对其进行训练或者治疗，让学生达到正常水平。

还有一部分孩子是感统失调，比如容易把6和9、b和d、q和p写反，阅读困难，丢字漏字，认字但无法理解，写字困难，或者看一笔写一笔，经常抄错题、写错数。

其三，注意品质缺陷。

学生常常不知道自己抄错，是因为他们的注意品质存在问题。注意品质有些是先天的，注意力的稳定性和分配能力是影响学生的重要因素，而计算过程需要注意力的高度集中，年幼或先天不足的孩子注意力持久性差，很容易分心，产生"遗忘式差错"，从而做错题。

其四，不良的学习习惯。

有些学生以应付的态度做题，不求作业质量，长此以往，养成马虎、敷衍的习惯。有的学生甚至在草稿纸上做对了，抄到本子上或试卷上却错了。只要看看这部分学生的草稿纸，就会发现他们潦草的字迹模糊不清、杂乱无章，这样得高分确实很难。还有的学生根本没有认真看清楚题目就开始做题，那么自然就不能正确的解题。

其五，思维跳跃过快。

有些学生做题时，在整体上总是出错，但题目一单列，他们又能准确回答。这可能是学生思维跳跃过快，习惯性地将某些重要信息滑过去，从而造成失误。也有可能由于大量无任务驱动阅读，阅读速度过快，养成了习惯性思维滑动。

其六，敷衍塞责，应付了事。

很多学生在答题时，根本没有用心思考，随随便便写个答案就万事大吉了。因为这些不是他们感兴趣的点，不是他们心里重要的事，简单说就是对学习不负责任。说一千，道一万，明确了孩子为什么马虎之后，针对性的解决策略容易形成，但贵在落实，贵在坚持。

最终，我们要形成方案解决这类马虎问题，撕掉学生身上的马虎标签。

1. 体育锻炼能解决器官功能不足的问题

通过走独木桥、单腿蹲、单腿站立等锻炼能提高学生的平衡能力，训练核心肌肉群，让身体在维持稳定的过程中提高力量，且把力量和稳定性结合起来。

打羽毛球、游泳、跳绳能提高学生的协调能力，但这需要持续锻炼去解决。有研究表明，跳绳是治疗感统失调最佳的运动方式。

2. 长期的游戏训练能培养注意力品质

对于身体器官功能不足的学生来说，治疗和改善的关键时间在 12 岁之前。比如有注意力缺陷的，错过了 12 岁之前的治疗期，对孩子来说可能是个灾难。

3. 教给正确的方法克服

学生思维速度过快，就要求他在"马虎点"暂停一下，适时地眨下眼、摇下头、停下笔，或者圈画关键信息。要有专门的草稿本，在上面整齐地排列运算过程，以便检查时发现错误。

建立错题档案，把所有的错题集中起来进行研究，发现规律性问题，然后针对性地攻克。

4. 父母养成良好的陪伴习惯

成长过程中的孩子，每一个都有成长的烦恼，只是烦恼的内容不同。在孩子的人生成长中，父母责无旁贷地要提供帮助。有时候，只是跟孩子聊聊天、说说话，哪怕什么也不说，陪伴本身也是一种力量。

从孩子的角度去理解他们的困难，就能给孩子内心强大的支持。不吼、不怒，心平气和地陪伴，当他们做作业的时候，在旁边看看书，这也是一份支持。

当他们容易烦躁的时候，带他们出去散散心，帮他们平复心情。去看看那一大堆的试卷错题，去给他们一些建议。

草稿纸上也有大文章，在草稿中能发现更多的信息，更能接近孩子学习的真相。当父母、做老师的学问很深，需要持续学习和反思。

5. 采用积极的方式应对马虎

学生完成练习或试题后，很多老师会从学生做得不细致的地方开始讲解，这样做，会让那些做错题的学生有愧疚感，觉得自己很笨，成绩这么差很不应该，产生负面情绪。学生的学习兴趣、激情、动机就遭受打击，严重的时候甚至会让学生厌学。换个思路，不从学生的错处开始讲解，而是聚焦于学生回答得细心、认真之处。每处讲评都高度称赞学生在这方面取得的成绩，随着讲题的深入，之前的称赞及肯定能够成为继续解决马虎问题的动力，这样的讲评从头到尾充满了鼓舞人心的力量，能使学生有成就感，就会淡化马虎带来的心理阴影。

要做学生成长路上的记录者。对于学生在写作业过程中、生活中点滴的"细心"变化，都及时给予肯定、鼓励，那么学生就会获得改变马虎的勇气，产生更大的动力积极地去解决这个问题。这就是积极心理品质的优势所在。

说某个学生"马虎""粗心"，无疑是给学生贴上了负面标签，很可能影响学生一生的发展。当学生面临这样的问题时，让他理解发生这样行为的原因，了解原因之后，理性对待——哪些当下就能解决，哪些需要长期坚持改变，哪些无法改变。立马能解决的，及时行动；无法改变的事实，教会学生接受；需要长期坚持的，老师和家长提供一些策略，和学生一起商讨解决方式和方法，最终让学生形成规避粗心、马虎的习惯，养成认真检查、仔细思考、平静作答等做题好习惯。以这样的方式，让学生不再害怕马虎之类的问题，用自积极解决问题的心态，学习信心就回归了。

29. 规范课堂行为：
让"插话"变成"插花"

"这个问题，老师，我知道，我知道，你让我回答吧，我会我会！"

当老师抛出一个问题，那些特别积极的孩子总是情不自禁地喊起来。

"老师，我有话说，请让我说一下嘛！"

当老师正聚精会神地讲解一个知识点时，学生突然冒出一句话，打断了老师的教学思路以及课堂正常的氛围。

"5 与 6 相乘，得到多少？能说说你是怎么想的吗？"

老师正提问小刚，亮亮则马上脱口而出"30"。

这样的课堂现象是值得深思的。有老师说，有些学生根本就是驴唇不对马嘴地乱答，目的就是扰乱课堂纪律，这类学生会被视为"哗众取宠"，被批评或者无视是常有的结局。其实不然，所有现象背后都有原因，所有行为背后都有心路历程。只有了解和研究这些行为，才能找到解决的方法。

一、透视学生插话原因，梳理插话根脉

站在成人的角度去看孩子的插话行为，其实有想当然的问题存在，只有通过真实的调查才能把事实看清楚。经过对 1285 名小学生的调查数据进行分

析之后，我发现了学生插话的真实内心。

1. 想表达

"因为有不同想法"，持这个原因的占大多数，表明学生在课堂上真的有想说的欲望。当这个课堂给了学生足够的安全感，学生就会随口说出想法，插话是自然流露，是对课堂的一种悦纳，同时也表明学生身心状态紧随课堂，所以回答能抢先一步。有的学生只是偶尔出现这样的状况，而有的学生则是经常克制不住地想插话。这样的插话是积极的，是对课堂听不明白之处的追问，是对每个知识点的不同想法的交流。老师停下课堂脚步，让学生插话，是对于每个学科、每节课有益的补充，是以生为本教育理念的体现。

2. 习惯差

班级学习习惯没有整体养成，有部分学生还是停留在自己的习惯上，没能意识到在集体学习生活中规则的重要性。而习惯是可以训练和再养成的，意识是可以树立的。

3. 好表现

学生好表现，占比也是较高的。心理学上认为：一个人越想证明什么，就意味着越缺少什么。爱表现的学生内心是复杂的，需要深入探访他们内心的奥秘，对其进行个案分析后，会有更全面的认识。

其一，求关注。很多学生是想引起他人的关注，无论是老师的还是同伴的。被关注应该是每个学生的心理需求，不过不同的人采用了不同的方式，能用好成绩展示自己的学生，已然用成绩吸引了多数人的眼球，而有些学生则用差成绩或偏离常规的举动博取一个存在感。

其二，找回爱。考察学生的成长背景，会发现有些学生的成长过程中有"缺爱"的情况，或缺来自父母的爱，或缺来自老师的爱，他们往往缺乏肯定自己的力量，需要借助一定的方式去博得那微弱的"关爱之光"，片刻照亮那长久幽暗的心灵，温暖潮湿的心。

其三，缺自信。显然缺自信也是原因。自卑有两种表现，一种会特别炫耀，一种则会将自己幽禁在自我的世界中，爱出风头常常是缺自信的表现。

4. 真作对

专注力不够，或对本课学习兴趣不浓，或不喜欢这个老师的上课方式，有的孩子就会用插话来表达自己的无聊，让老师下不来台。还有一种恶意作对是叛逆的外在表现，他就是想反抗成年人对自己的压抑，采用插话的方式表达内心的不满。如果只针对某一门功课这样做，就是跟某位老师结下了"梁子"，这样的情况多数发生在十岁以后的学生身上。

二、智慧应对学生插话，变"插话"为"插花"

基于这样的心理背景分析，生成科学的认知及态度，应对的策略显得明确而快捷。

1. 改变认知和态度，视"插话"为"插花"

其一，应开放对"插话"的认知。

民主的课堂人人都有发言的权利，老师可以传授自己的知识，学生可以发表自己的见解，这应该是平等的关系。只是部分同学的发言时间并不是选择在老师预设的范围之内，而正常的课堂应该是随着学生的状态走的，不能照本宣科。这是所有任课教师都应该达成的共识。

对于学生来讲，倘若不是真的刻意扰乱课堂秩序，并不是恶意拖延教学进度，就不应被贴标签，不应让其背负过重的心灵枷锁。

从长远看，随着人的个性得到充分发展，这可能是追求更为民主课堂的表现。

其二，应改变对"插话"的态度。

很多老师对学生插话行为十分反感，倒真的不一定是因为学生的行为不好，而是产生了权威受到挑战和控制力被剥夺的感觉。但如果从学生角度去看，从以生为本的理念出发，课堂上学生本来就是主人，应允许个性张扬，允许言论自由。民主、活泼的课堂氛围，也是需要教师致力营造的。

基于这样的认识，持更为民主和科学态度的老师，不会以批评和打压为手段，不会以厌恶为主导情绪，会改变应对态度。这个态度并不是一味迎合和一味退让，而是根据不同情况拿出相应的策略应对，有礼有节地制衡其间。

2.分类处理，变"插话"成"插花"

依据学生不同的心理对插话行为进行了分类，针对不同类别，应该采用不同的课内外应对策略。这里用表格简要说明：

类　　别	应对策略
想表达	1. 给出时间。 根据调查显示，此时学生的表达是具有积极意义的。那么就暂停一下，先让学生插话，根据学生插话内容再调整下面的教学内容和方式。 2. 开放空间。 教师应大大方方给出空间和时间，这是实现课堂动态生成的好时机。 3. 因势利导。 顺应时势，合理利用学生的插话，让课堂呈现动态生成之美。（这部分将在下文做更加详细的论述。）
习惯差	1. 练一练。 缺什么习惯，练什么习惯。每节课上利用几分钟时间，让全班来进行"先举手后发言"的练习，只要几周的坚持，学生就会形成习惯。 2. 儿歌传唱。 把课堂上应该注意的发言礼节等班级规则编成儿歌，让学生当作课前一支歌来唱，学生在这种自然的氛围中会不断规范自己在课堂上的行为。
好表现	（一）课内应对策略 1. 一对一的身体站位。 课堂上学生插话时，老师身体若正好面对着其他学生，可以转向插话的学生，从肢体上形成一对一的场域效应，那么学生会有一种亲切感，他会觉得自己被认可，于是久而久之，内心变得敞亮，插话的行为会减少，会更积极参与课堂其他的学习活动。 2. 一对一微笑目光对接。 目光转向这些学生，让他们知道你眼中有他们，他们就觉得你的心里接纳了他们，于是就会安静下来。眼睛是心灵的窗户，当彼此眼光对接的时候，彼此的心灵也是敞开的。眼神的语言无比丰富，产生的作用也是巨大的。 3. 一对一静心倾听。 很多时候，老师"说理式"的教育方式，让学生成了被"填喂"的鸭子，他们很多时候对老师说的话左耳进，右耳出。无论是课堂上，还是课外，如果老师愿意静静去倾听学生的话，让学生表达真实的想法，学生会有被尊重和被重视的感觉，他们的行为会变得规范、谨慎。只有认真倾听了，才能发现里面的真实，才能有更好的应对和解决策略。

类　别	应对策略
好表现	4. 一对一真诚交流。 　　课堂上学生插话，老师可以面对着学生进行教学情境下的现场沟通。当学生意识到老师真诚地对待他的想法，自己真实地被关注时，内心会有满足感，于是在一段时间内不再插话，并且和老师建立良好的关系。 　　（二）课外处理策略 　　1. 搭平台。 　　学生喜欢表现自己，课堂的舞台太小、太局限，应拓展和搭建学生展示自己的平台。尽量让学生展示自己的欲望得到满足，找到自己的价值感，从而喜欢上在校的学习生活。 　　2. 多沟通。 　　当学生出现频繁插话的行为后，老师要在课间和学生有效沟通。老师和孩子单独交流，情况会有明显改变。这种被当作唯一对待的感觉，令他们感到自己被真实关注，这是学生渴望很久的，那么效果也就会很明显。
真作对	1. "冷处理"产生"热能量"。 　　对于学生出于反抗原因插话，不去理会的"冷处理"能够给双方冷静的空间和时间。越是负面行为越不用批评的方式解决，就不会起到负面强化的作用，反其道而行之，指出这种行为的正面部分，就能更好地起到引导作用。 　　2. "十秒钟"冷静时间。 　　教师要以成年人的理性去克制课堂上因学生这样的行为而产生的不良情绪，可以用十秒钟平缓自己的情绪。十秒钟之后，会变得平和而有智慧。 　　3. 积极"暂停"。 　　当课堂上学生的行为挑衅实在令老师无法容忍时，就可以停下课堂教学，暂时离开教室，去办公室冷静一下，这有利于事情的处理。 　　4. 用书信解释。 　　很多学生讨厌大人说教式的教育方式，很多时候，没等大人开口，孩子就不耐烦。那何不试试写一封信去表达一下自己的想法，这样更能走进学生的内心。误会产生于不了解，当我们用多种合适的方式交流，那么问题就迎刃而解。 　　5. 反话正说。 　　当学生在课堂插话上越轨太远，老师可以用"反话正说"来表达不满。给了学生台阶下，维护他们的面子，那么他们就会收敛自己的行为。 　　6. 适时幽默。 　　当问题产生的时候，要看到其积极有利的一面，那么处在问题中的人，会显得积极乐观一些。插话行为实际上能展示学生某部分心理问题，当老师看到这点，用幽默诙谐的语言和方式解决，那么矛盾自然消融。

3. 因势利导，促"插话"为"插花"

调查显示，特别强调自己说的内容都是对的学生，经常因为老师是大班额上课，追求课堂效率、讲究课堂礼仪等原因，被排斥和训斥。然而这类孩子却是上课最认真的孩子，他们的思路一直跟着课堂的节奏前行，他们的回答是"脱口而出"，他们是我们要极力保护、智慧应对的重点，是课堂动态生成的契机。那如何应对这种情况呢？

第一，以"插话"搭建课堂生成的"合作之桥"。

等一等，听一听，让学生说完自己的想法，再去引导其他学生做出判断，把课堂真实地还给学生，让他们在一个相对自由的学习场域安心自如地表达和交流，这非常重要。

"老师，老师，我知道寒号鸟不是鸟，而是……"教学《寒号鸟》这课时，刚读完课题，小苏同学就插话了。

"那他是什么呢？请你来说一说。"

"寒号鸟也叫复齿鼯鼠（飞鼠），体型似松鼠……"

的确，这个学生从课外书上获得的知识正好是我接下来要出示的内容。彰显学生在课堂上的主体地位，不是说在口头上，而要落在行动实处。那么这个时候，就让他把话插进来，这是课堂动态生成的好时机。随后我夸赞这个学生的课外知识丰富，是个阅读小博士，对他进行了鼓励式评价，更增添了学生对这门学科的好感。

另外，如果老师备课时，没有将知识点落在寒号鸟是什么动物上，那么这个学生的回答正好弥补了这个缺失。

第二，"插话"成为课堂的"点睛之笔"。

让插话的学生来谈谈自己的想法，让这个"小老师"充分发挥作用。让看似"乱"的局面"活"起来，课堂在不经意间生成，就这样与精彩不期而遇了。

别让如此生动的课堂围绕着死板的教案走，有时放一部分主动权给学生，课堂将收获异样的精彩。就像在上面的例子中，小苏同学关于寒号鸟的介绍，无疑成了课堂的点睛之笔。

课堂是个广阔的天地，每一位学生都有自己独特的知识积累，让他们在课堂上展示自己的所学、所知，那思维碰撞的火花也是灿烂的。

第三，"插话"是推动课堂生成的"润滑之器"。

顺势而为，富有挑战的"插话"会是课堂"二度设计"的契机。

例如我在教学《大禹治水》一课时，就巧用了学生的"插话"。

"同学们，大禹为了治水，都做了哪些让你感动的事？请大家读读课文第三自然段，再来回答。"

我话音刚落，就有学生高喊："老师，我知道大禹治水三过家门而不入。"

"哦，那请你和大家用波浪线画出这段话中描写他三过家门而不入的句子，过一会儿请你来谈谈感受。"

这样既维护了这个学生的面子，也让课堂得以顺利开展下去。课堂是人的课堂，从尊重人的角度出发，教师能够生成很多应对和处理智慧。

4.疏解情绪，转"插话"为"插花"

很多行为是情绪导致的，学生插话背后的情绪是应该被发现和解决的。即使是成年人，也常常会做情绪的奴隶。然而许多老师面对学生插话的行为，只是简单的批评教育，利用自己的权威角色"镇压"了学生的不良行为，孩子只是暂时收敛自己的行为，待到"春暖花开"时这些行为的"癖"又会重生，然后形成了恶性循环。

其实老师更应该成为学生情绪的"救火员"，让他们的内心被看见，情绪被合理疏解，行为适时表现。可以开展班会，程序如下所示：

```
┌─────────────────────────────────────────┐
│ 第一步：认同学生的感受，理解学生的情绪      │
│ 用"我"字句表达：当我插话的时候，我是这样想的…… │
└─────────────────────────────────────────┘
                    ↓
┌─────────────────────────────────────────┐
│ 第二步：了解学生的需求，角色互换体验        │
│ 师生互换角色表演，表达语式是：我当时这样做，目的是…… │
└─────────────────────────────────────────┘
                    ↓
┌─────────────────────────────────────────┐
│ 第三步：引导学生的行为，打开心扉说说        │
│ 下次遇到这样的情况，我会这样做……          │
└─────────────────────────────────────────┘
```

运用正面管教法，完成对学生情绪的引导，一步一步引导学生平复情绪，恢复理智，回归正常的行为轨道。和善而坚定的教育方式，更能长期引领学生成长。

坚守儿童立场，坚持看见儿童的"内在"，用科学的方法养育人心，逐步提升教育技能和境界。

30. 推动教学落实：
在教室里转，是一种比言语更响亮的行动

"说了很多遍，为什么学生还是做错了？"老师经常发出这样的疑问。

"你怎么问我这个问题，我不是刚刚讲过吗？你是不是没听啊？"老师也有这样的焦虑。

"妈妈，上课时，老师总是站在讲台上，一步也没离开，我问她问题，可是她没听到。怎么办？我又不能跑到讲台上去。"一些学生还有这样的苦恼。

以上问题之所以存在，其实是因为课堂缺失了一个重要的环节——教师巡视全班。

《正面管教教师工具卡》中的"只做不说"里，也指出了这样的问题：在老师说的时候，学生并不总是在听，那么就让老师穿上运动鞋，在教室里转。靠近通常是一种比言语更响亮的行动。是的，课堂上，让老师走下讲台，走近每一位学生，就能解决这个问题，提高课堂教学效率。

很多老师使用了对于课堂具有积极意义的"转动"，却出现差强人意的效果，原因有以下几种：

有的老师是"巡而不视"，人是在教室里走动，却只关注了课堂的纪律，对学生的学习情况没有在意，那么巡视也就不能达到应有的效果了。

有的老师是"视而不巡"，用眼睛扫视整个教室，但并没有走近学生。一

些内向的学生只有当老师走近的时候，才敢怯懦地问一些问题。还有一些更加内向的学生，只有老师开口询问，才说自己哪里不明白、不会。单单用眼睛看，也不能达到巡视应有的效果。

还有的老师是"强巡暴视"，在教室里不停地来回穿梭，犹如一架战斗机，随时准备去歼灭学生的"课堂不良行为"，给学生造成了紧张的情绪。这其实对于提高学习效率，起到了反作用。

课堂巡视，是一种亲近的行为，是以解决学生学习问题、建立更好的师生关系，从而创建良好的学习氛围为目的的，那么什么时候巡视，怎样巡视呢？

巡视是讲究时机的，学生在自主完成各项学习任务时，是巡视的核心时间点。当学生在自主朗读时，我会侧耳倾听他们读书的声音，读得好的，及时竖起大拇指点赞；细细检查某个学生的答题情况，出现问题，轻声指导，直到学生完全理解；还会纠正学生的坐姿，挺一挺他们的腰，扶一扶他们的肩膀。

地点转换才是巡视的关键。虽然讲台是老师经常站立的地方，但要设定一个限度，如每节课最多十分钟站在黑板前，而剩下的时间，尽量在教室的每个方位轮流转动，让你的关注温暖到教室的每个角落，学生们就会主动参与到学习中来。

带着目的长期坚持课堂巡视，这是我在课堂管理中比较有成效的举措。经常巡视的老师会发现：一节课不巡视，差距不明显。而长久不巡视，那些容易走神、后进的学生就会跟不上，错过的知识点累积越多，学生越跟不上，对学习就更不感兴趣。而老师走到学生中去，就能及时关注学生的学习情况，对学生进行点对点的学习指导，和学生进行一对一的对话。学生感受到老师和他们同频一致地投入学习中，真实地帮助他们解决学习问题，就会更加主动学习。

巡视时，除了要关注学习情况，我还关注课堂上学生的学习情绪。课堂学习是有情绪的，在这个固定的时间和空间里，老师尽量跟踪学生的学习状态，一直关注学生的情绪和注意力的变化，不断地点评和提醒、把控和调整、生成和推动，那么学生会一直维持认真学习的良好态势，不断地和老师互动、进行深层次学习、更新知识结构，并时刻关注自己的精神状态是否与课堂匹配。

巡视时，一定要注意采用的方式和方法，不要让学生感觉到压抑，而应在轻松自然的氛围中进行。我以轻声温和的方式，让自己的身躯流动在班级的各个角落，和善地跟学生进行眼神交流，小声地和他们交谈，时不时地拍拍学生肩膀，摸摸他们的头，为他们竖起大拇指。我还刻意在平常学习困难多、又不敢和老师交谈的学生身边多停留一会儿，主动问一些问题，以这样的方式帮助他们打开心扉，解决困难。就这样，让巡视成为学生们悦纳的教学方式。

苏霍姆林斯基认为，处于教师注意力中心的不应该是教材内容，而应该是教育过程中的各种细节。关注课堂的精神世界，与学生互动，实现对学生最大的帮扶。

"我不需要去健身房。我的教室管理办法之一，就是经常在教室里转。我估计每天走三千米。"希望《正面管教教师工具卡》上的这种做法能够成为每个老师的健身方法。

31. 效率法宝：
间隔交替学习

如何提高课堂学习的效率？

"语文课能不能两节连着一起上？我觉得这样安排起来，更适合我们小学高年级的学习？"

"这个课间同学们就不要出去休息了，我们把这个试卷做好，时间太紧张，大家抓紧啊！"

"音乐课、美术课、体育课这些期末都不要上了，都让给语文、数学这些科目吧，我们要抓成绩啊！"

上面这些行为和言论其实是不科学的，因为它们强调了集中学习的重要性，却并不了解大脑的容量是有限的，忽视了分散学习的重要性。分散学习在心理学领域的专业术语叫间隔学习，指在总的学习时间固定的条件下，将认知学习过程分散在几个时间段进行与集中在一个时间段相比，间隔学习会产生长时记忆优势。间隔交替学习可以提高效率，抗击疲劳。

间隔交替学习是有科学根据的，生理学研究表明，人的大脑左右分工各有不同，学习不同学科、做不同事情所使用的脑区不同：左半脑侧重于逻辑与抽象思维，右半脑侧重于形象思维。

所以数学课上久了，左半脑就容易疲劳，就该上上语文课、体育课等，让右半脑工作；而语文课上久了，右半脑累了，同样可以上上音乐课、绘画课等，让左半脑工作；思考难度大的数学习题刷久了，左半脑累了，就可以听听音乐、做做语文题，让右半脑工作。学校课表安排符合学习规律。

基于这样的认知，当下课铃声一响，我就立马下课。因为学生能够接受我这门学科学习的大脑兴奋度已经达到了极限，我应该让位给其他的学科，让他们大脑的另一个区域被激活。学生们到操场上、小花园里呼吸新鲜空气，玩一玩、做做操、跳跳绳。让大脑得到充分休息，还能调节大脑机能，提高大脑的反应速度。

课堂上，当学生进行文章创写时，已经写到没有什么可以再写了，我就让他们停下来。此时，即使继续让孩子们坐在位置上苦思冥想，学生也写不出其他内容，只是浪费了时间。我会让他们看一看例文，或者同桌之间互相交流，互提意见，或者让写得好的学生展示自己已经完成的内容。通过这样的方式让持续处于兴奋状态的学生大脑得到休息。有了短时间隔，更能激发灵感，让学生找到新思路，重新拥有了写作的内容和欲望。

即使课堂上不能马上完成，只要下课铃声响起，我也会让学生停笔休息。四十分钟的课堂学习是件有压力的事情，学生需要不断思考，抵制各种诱惑，不做小动作，专心致志，将学习内容吸收、消化、理解、运用，积极做作业，做出正确解答。而课间就是让孩子们放松、释放压力的时刻。这个时候即使学生不停笔，效率也很低。

为了防止一些学生继续写作，我就分配新的任务，让他们去整理一下班级，打扫一下卫生。劳动过程中，我会发现这些学生很快就会从容淡定下来，情绪也轻松下来。学生们干着干着，之前写的那篇文章就有了新的思绪，等打扫完毕再去写，文章立马有了新思路，下笔速度很快。长时间动脑之后，去做一些体力劳动，实现身体机能的平衡。这是间隔交替学习内容上的交替。两件事情交替着做，这件做累了，或是没兴趣了，就去做另外一件事情，在做另外一件事情的时候，前面做的那件事往往就会有了新的想法。这样就不会让学生陷于纠结的境地，并且变相地拥有了更多时间，做事效率更高。

一节语文课，我会将时间分配给不同的学习方式，有意识地进行调剂。比如，学生张口朗读了五分钟，那我就让学生停下来，抄写生字词五分钟；学生动手写的时间多了，我就让学生停下来思考一下，或者进行小组交流，以此实现学习的最优化。

以下是三年级语文下册《我变成了一棵树》第6自然段第二环节的教学，看看我是如何实现语文课堂的交替学习的。

师：是啊，文中"我"的想象真是动人啊，那么请你也想象一下，把自己的畅想付诸笔端吧。完成学习单第二题。

> 我变成了一棵长满各种颜色的鸟窝的树：＿＿＿＿＿＿＿＿＿＿，
> 还有＿＿＿＿＿＿＿＿＿＿＿＿＿＿＿＿＿＿＿。

（学生练写。）

师：我看同学们都完成得差不多了，那谁愿意来把自己写的和大家交流一下呢？

生：我变成了一棵长满各种颜色的鸟窝的树：红色的、黄色的、粉色的，还有蓝色的、紫色的、黑色的。

师：能仿照课文的样子，写出具体的颜色，真不错！还有同学有不同的想法吗？

生：我变成了一棵长满各种颜色的鸟窝的树：蓝色的、绿色的、红色的，还有金色的、咖啡色的、米色的……太阳一晒，它们都散发着金光呢。

师：这个同学写得也很特别，不仅写出了颜色，还写出了这些鸟窝的变化呢。我想采访一下，你是怎么写出来的？

生：老师，我在写的时候，脑袋里想象出这些鸟窝的样子，然后笔下就有灵感了。

师：你真会想象，这就是想象的力量，把我们带到了一个美丽的世界里。请大家对照着自己写的，修改一下，然后再读一读。

（学生修改。）

师：同学们，你们都想象出了这么多颜色，想把什么颜色送给哪种形状的鸟窝呢？为什么？

生：我想把金色送给圆形的鸟窝，因为太阳是金色的。

师：还有同学也想说吗？

生：我想把粉红色送给菱形的鸟窝，让它变得像芭比娃娃一样美丽。

师：那么请同学们把自己喜欢的颜色涂到相应的鸟窝上吧。

（学生涂色。）

在上面的教学过程中，学生先练习写话：我变成了一棵长满各种颜色的鸟窝的树：_____，还有_____。然后进行交流，接着修改，再交流：把什么颜色送给哪种形状的鸟窝，并谈谈原因。最后把颜色涂到相应的鸟窝上，动静结合，读、写、画有机穿插，时间合理分配，重点环节多花时间。学生在这个过程中，主动性强，参与度高。

我也引导学生主动做这方面的尝试，让他们复习的时候，用上间隔交替法提高效率。学生小林上自习课时，会使用两门不同学科的学习材料。

我问他："会不会觉得带两份材料复习没必要？"

小林回答说："林老师，您说的方法很好。当我复习语文花了 20 分钟后，我会累的，换成看数学，就立马有了新鲜感。交替学习的确会提高效率。"

小林同学用上了间隔交替学习法，在时间上做了隔断，这也就是为什么学校在每节课之间要设置 10 分钟课间的原因。课间休息时间，人的大脑得到放松和休息，就是为了更好的学习。学习时，大脑所主管的听、说、读、写、看和记忆、分析、推理等功能区都会相应地处于高度兴奋状态，如果让学生持续地学习一门功课，就会令大脑某一部分兴奋过了头，超过了限度，大脑就会疲劳、困倦，甚至头痛，丝毫学不进去，反而影响学习效果。

事实证明，长时间的单纯识记一种材料，效果并不好。因为具有相同性质的材料刺激脑神经过于单一，长时间被单一的信息刺激，其相应区域很容易负担过重，由兴奋状态转为保护性抑制状态。如果此时能换另一种材料学习，就能转换兴奋中心，消除抑制状态，从而提高记忆效果。但间隔学习之后，要注意复习，分别在一天后、一个星期后、一个月后进行，以此保持最佳记忆。

32. 提高学习质量：
课堂作业本的妙用

"我们班有些小孩不知道怎么回事，课堂作业本不及时上交，也不及时订正，总是让我一催再催，总是有那么几个拖拖拉拉的。真不知道该怎么办！"

"呀，你也别气，我们班也是这样，课堂作业本不认真写，字迹潦草，我也很头疼。"

上面两位老师的对话，真实地反映了课堂作业本在使用过程中遇到的问题。

课堂作业本是课堂教学目标落实、教学效果检测的利器。如果课堂作业本圆满完成了，表示这节课的基本知识都掌握了。那么它的正确使用成了我们应该重点思考的问题。首先要明确的是什么时候使用课堂作业本。顾名思义，它应该在课堂之上使用，和课堂教学紧密结合。那么怎样使用，才能体现效率呢？

以语文学科为例，可以借助课堂作业本优化教学设计。

若要将课堂作业本的作用充分发挥，那么势必要对课堂教学作业进行精心设计，制定教学目标时就要将其纳入，然后设计教学环节，要保证设计的课堂作业能够反映当堂学习的语文知识内容，实现教学评的一致。作业本中的练习也蕴藏着学习方法，老师在使用的过程中，一定要做到充分理解和把握，最终教给学生科学的学习方法。

例如《祖先的摇篮》一课的练习题"连一连，写一写"。左边是文中祖先的一系列动词"摘、采、挖、逗、捉、逮"，右边是相对应的名词。显然，这道练习很明确地提示了认识动词词串的方法。可以先读词语，再做动作，最后发现词语规律，照样子写一写。

3.连一连，写一写。

试着写一写：看夕阳、＿＿＿＿＿＿、＿＿＿＿＿＿……

在教学时，我这样做：首先是读一读。出示这组动词，采用不同的形式引导学生练读，如个别读、同桌读、开火车读、小组读、男生读、女生读、齐读等。反复读，读准确、读熟练。

接着是做一做，认一认。做动作是为了帮助学生更好地理解动词的含义。对这些动词学生大都比较熟悉，做起来也不是很吃力。引导学生观察这些字在字形上的特点，学生很快会发现这些字大都有"提手旁"。于是可以得出带"提手旁"的字多数和动作有关的结论，为孩子认识"提手旁"打下伏笔。

然后是连一连，说一说。学生看清楚了题意，就可以动手连一连。连完之后，教学时教师可以结合学生的学情，自由选取动词联系生活说一说。同时，问一问学生左边的动词和右边的词语有什么规律，学生会发现是"动词加名词"的构词规律。

最后是动手写一写。写完之后，自己读一读，看通顺与否，看是否符合"动词加名词"的构词规律。

这样进行教学，动词就不仅仅是文中祖先的动作，而变成了学生自己理解的动词。学生在今后的学习过程中，即使面对新的动词，也能不由自主地去读一读字音，认一认字形，做一做动作，说一说句子。这样的过程关注的不仅仅是学生学会了什么，更关注了学生语文能力的提升，是一种内容与方法共同习得的过程。

运用课堂作业本，夯实学生基础。课堂作业本不仅可以提升学生的识字能力，还能够增强学生对课文的理解与应用。

在小学语文教材中有很多学生很难理解的知识，因此我们可以利用课堂作业本来辅助学生进行理解，并且通过其中的问题来发散学生的语文思维。例如在教学《千人糕》时，学生对于千人糕的制作方法较难理解。现在的孩子较少接触农活，对课文中的劳动步骤难于理解和梳理，而作业本中刚好有一道图文结合的连线题，于是我请学生根据文章内容并运用这道题来理解做千人糕的步骤，通过小组讨论说一说、练一练步骤。学生在这个过程中既理解了制作过程，还加深了对课文内容的理解。

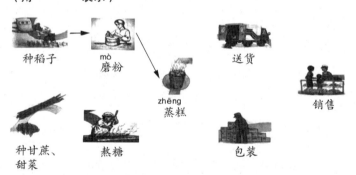

4.读课文，排顺序，说说米糕是经过哪些劳动才来到我们手中的。
（用"➡"表示）

进行知识延伸，提升学习效率。课堂作业本中有很多课外知识点，能够作为课文的有效拓展，帮助学生更好地理解语文知识，然后进行梳理和整理，而后总结，从而提升学生的学习效率。

如二年级下册中有一篇《寓言二则》，这一课的语文课堂作业中的最后一题提供了相关的课外寓言故事，于是我运用这一题，请学生在课余找一至两个自己感兴趣的寓言故事，并在课堂上与大家分享，开展寓言故事会。为了能够让学生充分理解其中的含义，我让学生根据角色表演寓言故事，这样不仅可以增加学生的学习兴趣，还能够让学生真实感受到人物的内心，进而提升学生的语文综合能力。

*6.选做：从下面的故事中选择几个读一读。

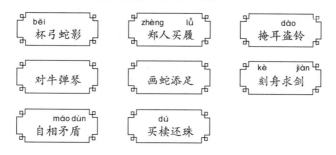

不仅如此，语文课堂作业本还能训练和提升学生的口头表达能力。二年级下册的教学重点落实的是"借助提示讲故事"的语文要素。教学中，不能只是简单地背诵和空洞地讲解，为学生找到复述课文的支架，让学生复述课文时有章可循，教学目标才能得到有效落实。仔细观察本册教材，我们不难发现，课后习题中编排了多个复述课文的专项训练，这是对学生阅读文本后理解能力的考察。这里，既有片段复述，又有全篇复述；既有填空式复述，又有根据问题提示复述；还有一些个性化的复述练习。例如，第6课《千人糕》课后题要求学生借助课文中的多幅插图，复述千人糕的制作过程；第14课《小马过河》要求根据课后提示的关键词语来讲述故事始末；第20课《蜘蛛开店》则是要求学生根据时下热门的思维图呈现课文结构。课堂作业本当中，有相应的画思维导图、填空、提炼关键词语等题目，于是我结合相应的习题来帮助学生学习如何复述课文，这样一来既使作业本的作用得以发挥，又锻炼提升了学生的口头表达能力。

从教师教学层面能体会到课堂作业本的重要性，于是对于小学生，尤其是一年级的小学生，我们要更加关注其使用的细节以及评价的到位。

首先，要引起学生的重视。对课堂作业本是什么，如何使用，完成练习后该干什么，老师跟学生讲清楚了吗？很多时候，老师都是站在自己的角度去揣度学生，认为一些事情他们肯定是知道的，其实不对，很多学生是第一次接触，并不知道这个作业本有什么意义。所以请每位老师郑重其事地告诉每个学生，要求他们认真完成，及时上交。只有这样，他们才会认真地对待它，从思想上引起重视。

其次，还需要讲清楚课堂作业本具体上交的时间和方式，而这应根据各班具体的习惯实行。学生们完成作业后，有的老师希望小组长统一收取，有的老师则希望每个学生自己上交，也有老师要求当堂面批，无论哪种形式，都要跟学生们讲清楚。老师们不讲，学生们靠猜是猜不到老师的心思的。

课堂作业本既然如此重要，老师们是怎么评价的？很多老师认真负责，评改过程非常仔细，但是并没说清楚每个批改符号是什么意思，学生们还是靠自己猜测，日子久了，才知道老师这个批改是什么意思。学生该怎么订正，订正在哪里，什么时候订正，这些老师们也要讲清楚，告诉每个学生，让每个学生知道。

给了学生或优或良的评价，就结束了吗？跟学生的学科学业评价有什么关系？或者说学生都做对了，是不是还有别的奖励？很多老师认为做得对本身就是一种奖励，这个想法是正确的，但是很遗憾，在现实生活中，久而久之，学生们会对这个做法丧失热情。因为做得对，只有和好成绩联结在一起的时候，才能发挥作用，而这个作用太隐性，作为小学生，理解不到这个层面，他们更需要直接感性的联结。集满十个优，就能换取一个小礼物，这样的做法是学生们十分欢迎的。

而每个优秀只是由老师们评定，没有一个能引起学生们热切关注的载体，时间长了，他们还是会不是特别在意。于是把一个承载每课老师评定的评价单粘贴在课堂作业本首页，每课作业批改之后，老师根据作业质量评定本课等级为优秀，那么学生就在评价单这课的下方给自己打个优秀，如果没有评级，则要自己订正之后，找老师评定等级。订正之后的等级会降半级，但总体合起来也可以兑奖。这样一来，学生们不及时订正和不及时上交的情况就减少了很多。等到完成十课的作业之后，就可以让学生们拿十枚优秀奖章来兑奖，集满的同学会很高兴，没有集满的同学就特别重视自己每课的答题情况，对待课堂作业本的积极性更高了。期末还要评出优秀作业本，给予奖励，这样才能形成评价系统。

希望借助评价追踪行动，既有及时满足又有延时满足，能够促进学生积极且及时完成课堂作业本的习题，推动学生关注自己的学习行为，从而形成良好的学习习惯。

33. 提高课堂效度：
习惯养成从课堂礼仪开始

"哇，这个班的孩子上课很会听讲，真不错！"

"这个班的孩子上课怎么总是乱糟糟的？一点规矩都没有。"

"呀呀呀，你看看那个班级，上课乱七八糟的，实在是上不下去课了！"

"怎么办呀？班规我们也是制定了的，管理也是很严格的，为什么学生上课还是没纪律，总是不认真，讲话、做小动作的一大堆。"

"这个班其实都很不错，孩子们上课非常积极主动，但很可惜的是，他们到特别激动的时候会把答案喊出来，这个该怎么处理呢？"

"我们班的孩子为什么只有在我上课的时候认真听讲，别的老师来上课都不认真，该怎么办啊？"

古人在讲治理国家时说"以礼治国，出礼入刑"，其实就是说国家治理主要靠礼，超越礼之后采用刑罚处罚。礼的作用重在规范，通过一定的形式、行为规则来规范人，使人讲文明、有规矩、有秩序，进而爱人、敬人、互助合作。

治国如此，课堂也应如此。课堂是学生学习的主要场所。规范的课堂礼仪，不仅有利于学生良好行为习惯和道德品质的养成，还有利于学生更好地学习科学文化知识。在班级管理过程中，需要科任老师和班主任通力合作，强调课堂礼仪。

课堂上该如何践行礼仪？我为此专门开展一节班会课，制定出以下礼仪。

1.预备铃声响起，请做好课前准备，书本、笔等学习用品放在规定的位置上，安静坐在位置上等待上课。如迟到，进门喊报告，征得科任老师同意后，进入教室。

2.上课时，没有经过老师允许，不得随意讲话。小组讨论时，请轻声交流，音量只需要小组成员听得到即可；当老师请你发言时，大声回答，音量可以让班级的每个同学都听到。

3.老师要求完成特定的任务时，应当高效、快速完成，遇到不懂的地方，及时举手请教老师，不得交头接耳，影响他人。

4.上课时，如有特殊情况需要如厕，请举手示意老师，不得随意离开座位、离开教室。课间，要养成上厕所的习惯。

5.举手时，请将手肘笔直地支在课桌上，等待老师邀请，不可喊"老师，请我，请我"。得到邀请时，请立马起立，如果位置不够站，请将脚跨出位置笔直站立，然后大声回答。

6.坐姿要端正，做到头正肩平脚安心。课堂上不可以随意抖脚，这是一种不礼貌的表现。

7.如果你发现其他同学不遵守纪律，请下课后告诉值日班长或老师，不要在课堂上跟老师打小报告。

8.小组长发放课堂作业本时，请静静等待，拿到后立马开始完成。完成后，请记得一题一题检查，认真检查后，再上交。

9.课堂上，当老师给同学们面批作业时，按照组别顺序，第一组批改完了之后，第二组再去排队。排队时，请安静地看着手中的习题，做好检查工作。不得随意说话、推推搡搡，要遵守排队规则。

10.每次拿到课堂作业本等练习册，要看一看上次作业是否都做对了，如果有错，请一题题订正过去。

......

上面的内容是班主任和学生们商量出来的结果，比较全面、细致。首先知道约定的礼仪内容，让每个学生都通读、知晓，然后再设计用什么样的方式去落实。

很显然，不能以逐条呈现的方式直接给学生，让学生去死记硬背。

分类处理会比较容易记住，之后再经过几次操练，学生就能轻松记住课堂礼仪了。比如课堂上小组长发作业本，那就清楚地告知小组长怎么做，让他们演示一下就可以了。

对于那些一定要示范的，我有时会亲身示范，有时请学生代表示范。比如"坐姿要端正，做到头正肩平脚安心。课堂上不可以随意抖脚，这是一种不礼貌的表现。"我就自己展示，让坐在各个角度的学生都能看到，同时告诉学生标准坐姿的意义。

"举手时，请将手肘笔直地支在课桌上，等待老师邀请，不可喊'老师，请我，请我'。得到邀请时，请立马起立，如果位置不够站，请将脚跨出位置笔直站立，然后大声回答。"这则礼仪，我就先让班级个别学生以"表演"的方式进行，然后再在小组内演一演，最后开展小组比赛。以这样的方式，推动礼仪落实。

对于学生很难记住的，需要借助一定的形式强化。礼仪内容太繁琐，学生记不住。可以改成朗朗上口的儿歌、韵律小调等，容易操作和识记。即使是简约版的课堂礼仪须知，也不是形成文字就够了，而是要粘贴在班级公告栏里，这样就能起到提醒的作用。

上课铃声响，快快进课堂。
用品放整齐，端坐把课上。
认真听讲不插嘴，积极动脑勤发言。
写字姿势要端正，课堂知识记心间。

为了让每个同学都记住并做到，班级里可以开展"课堂礼仪我知道"竞答赛，让同学们在竞赛过程中细化规则，明确知晓当遇到这样的情况时在课堂上应该怎样做。

每个小组领取一条礼仪规则，演一演，制作该条规则的视频。每个小组的视频在班级里滚动播放，让每个同学清楚每条规则的内容，明白自己该怎么做。因为亲身参与，实际演练，同学们非常清楚班级规则，就能做得很好。

但更重要的是，学生要将课堂礼仪落实到具体的行动上。根据课堂表现，我会给每个学生进行量化评价。非但如此，班级里还要每周评出课堂礼仪标兵，亮出评价标准，然后评出每月之星、学期之星。榜样的力量无穷，能让每个学生都感受到遵守课堂礼仪的重要性。

还要没评上标兵的学生积极反思："我为什么没有评上课堂礼仪标兵，我还有哪些做得不够？"经过反思，他们会和表现优秀的学生进行对比，会和班规逐条对照，那么就会越来越规范自己的课堂行为。

规则一旦制定，必须要被不断重复强调，令其长进学生的脑袋里，钻进学生的心里，这样才能将规则变成人人遵守的纪律。

评价是必须的，奖励也是必须的，训练更是必要的，课堂礼仪的每节课都大同小异，每个科任老师都应该在课堂上训练学生遵守礼仪。无规矩不成方圆，规矩是立出来的，也是练出来。

学生经过"知课堂礼""行课堂礼""展课堂礼""思课堂礼"的过程，就能对课堂礼仪有深刻的认识，并时不时主动规范自己的课堂行为。

34. 管理时间秩序：
让学生拥有美好的一天

小明上课总是迟到，班主任提醒："小明你能不能早点到校？"

"也就迟到十分钟，没什么关系。"小明总是不愿意改变。

平常总是提前到校的小丁，今天踩着铃声进教室，她很慌张，向班主任解释说："老师对不起，今天坐电梯的人实在太多了，等了很久。"

很多老师和父母都非常苦恼学生迟到的问题，迟到的原因有很多，其中学生没有时间概念、时间颗粒度大是原因之一。孩子会觉得一年过得很慢，而大人却觉得一年过得很快，这就涉及时间颗粒度和时间精力值。对于一个六岁的孩子来说，这一年的时间是他已经经历时间的六分之一，这是很大的占比。而对于一个三十岁的人来说，这一年只是他经历时间的三十分之一。这么一对比，三十分之一当然小于六分之一了。

什么是颗粒度呢？颗粒度＝颗粒＋清晰度。简单来说，就是你用什么样的细节尺度去把握每件事情。当颗粒度越精细，细节把握就越到位，越关注每个细节，成事的概率就越大。

将颗粒度的概念引入课堂教学，是因为很多老师和学生没有时间颗粒度的概念，不能精细到每个任务需要多少时间去完成，这样课堂的效度就降低了。

如何提高课堂教学的时间颗粒度呢？我将课堂每个环节的时间进行预设和操演，还将每个环节的每个步骤需要多少时间进行细化，哪些地方需要多花点时间，哪些不是重点可以少花点时间。如果教师在课堂上能坚持做到这一点，课堂效度就会大大提高。

认读生字新词 5 分钟，朗读课文 5 分钟，写字环节总共 12 分钟。老师示范写字讲解 3.5 分钟，讲解每个字书写的难点 1.5 分钟，示范写字 2 分钟，学生练写 7.5 分钟，1 分钟讲评，如果不够，就从 18 分钟的课文讲解中挪一些过来。

这就是我对一堂低年级语文识字课堂的时间分配，以分钟为单位的颗粒度，其实是对一节课时间的精准把握。当一节课对每一分钟时间的使用都很重视的时候，教学质量就有了保证。

除了一节课是这样，整个学期的语文课学习时间的规划都要如此。每一周、每一个月要达到什么样的教学进度，学生要达到怎样的程度，这些都要用到颗粒度的概念。

除了语文课内的学习，还有课外阅读、书写、朗读等方面，每个星期、每个月、每个学期、每个学年该达到怎样的程度，当老师以时间的视角凝视这些方面，那么教学的颗粒度就更细了，效果就出来了。

除了学科学习，24 小时都应优化安排，这样才能让生活形成良好秩序。我将每天的 24 小时进行管理，除了睡觉、吃饭、休息的时间之外，对每天的行程进行分时段安排，形成了个人的一天时间管理秩序。比如，我每周一的安排是这样的：

8:00　和值日的孩子一起打扫教室

8:15　督促领读员开始全班晨读

8:30　对上周末的作业进行批改、反馈

9:00　开始备课

9:30　带领孩子们做早操、参加晨会

10:05　上课

10:55　写课堂教学反思

11:15　批改作业

11:30　带孩子们去午餐

12:10　带孩子们回教室，进行作业整理

12:40　午休

12:55　备课

13:35　上课

14:25　整理班级一天的情况，跟个别学生交流

15:00　带领学生在阳光下运动

15:30　送学生出校门

16:00　备课

16:40　阅读半小时

17:10　写教育随笔300字

17:30　下班

上述的安排中，需要坚持的原则是：同一时间只做一件事。尽量同一时间专注于一件事，先把一件事做完。不要认为自己是多面手，那样可能会抓不住重点。时间表上同一时间段内原则上只安排一件事。

在下班的路上，我会复盘这一整天的工作，考察每个时间节点的执行情况，确保工作效率和成果。很可能这一天因为特殊情况没办法完成既定的计划和目标，那么就要立马提醒自己，明天如何补上今天的工作和学习。

发现自己在阅读的时候很容易被电子产品干扰，我就将手机放到另一个房间，增加使用在空间上的难度。有时候干脆关掉手机，让自己完全进入学习的状态，以此养成自我管理时间的习惯。

工作的时候，我不愿意被打扰，就会利用一些提示牌或者委婉告知联系者，自己迟点回复。如果领导找我，那么我就要先问这个事情急不急，如果

不急，自己迟点跟他联系。如果你建立了自己在工作时的规则，同事和领导也会习惯你的规则。人与人之间交往的规则是相互的，及时沟通，彼此是能够理解的。你的精力是有限的，在制定工作安排和计划表的时候，一定要确保重要的工作优先。

做计划，立目标，这是执行精细颗粒度的前提。很多老师也缺乏自己个人的时间管理颗粒度，何况学生呢？

于是，我用自己的例子鼓励学生，指导他们怎样安排课堂学习时间和自己的一天生活。很多同学不是刻意浪费时间，故意拖拉，而是不知道完成这个任务需要多长时间。所以要帮助学生树立时间成本的观念，他们才能做好时间颗粒度管理。我们在课堂教学的时候，可以这样说："同学们，完成这个作业需要20分钟，现在是10:00，到时，老师会提醒大家。这20分钟同学们认真完成，不要东张西望。10:20一到，不管你有没有做完，小组长都会把作业本收走，如果你没有做完，就不能得星，还要接受老师的批评。"

这一段话里，第一句话老师讲清楚了完成这个作业需要的时间，那么学生就有了完成这项任务的时间概念；第二句话老师提出了完成作业的态度要求；第三句话老师对不能完成的后果提早警示。在这样明晰的要求下，所有学生都会去抓紧时间完成作业。

老师有时间意识，会做时间颗粒度管理，那么学生就会受老师影响和指导，逐步形成自己科学的时间观念和合宜的时间颗粒度管理习惯。心理学家巴金森说："你有多少时间完成工作，工作就会自动变成需要那么多时间。"该句话的核心是时间管理，关键在于效率提升。当我们遵从这样的法则，提升时间管理和效率，那么，我们的每一天都会以良好的秩序运行，就不会手忙脚乱，生活体验也就会变得美好起来。

35. 重组高效DNA：
多样表达方式助力学习

"小陈就喜欢画画，你看，天天上课在纸上画各种各样的昆虫。哎呀，要是学习有这么认真就好了。"

我拿到孩子的画作一看，多么生动的画作啊，将蜻蜓飞翔的动作画得非常精确；屎壳郎怎么爬的，怎么跟其他动物交流，孩子画得非常有想象力。他肯定仔细观察了动物，多么细心的孩子。

"李丽，没心没肺，整天哼着歌，打开音乐盒，就又唱又跳，挺可爱的。课堂上，也经常随意哼唱，全然就忘记了上的是语文课。就是一到写作文，就交空白卷。"

看来这个姑娘非常喜欢生活，也很乐观，写作文不是她喜欢的表达方式，但是她可以借助唱歌来疏解心情。

每个人处在这个世界中，总是要接收到方方面面的信息，这些信息被吸收、整理后，还会通过一定的方式表达出去。

一个人主动或者被动地接受外界的很多信息，他需要通过一定方式把这些信息输出出去，才能获得内心的平衡。那么我们是如何将这个信息输出的？大多数人会反复对孩子说一句话："你心里是怎么想的，你应该说出来呀！"但是这样的劝告往往是无效的，因为不同人向外界输出内心的方式是不同的。但在我们的认知里，往往就只有说或者写，其实这样的表达方式是很单一的。

人的性格和能力不同，表达方式也不同。表达的方式应该是多种多样的，说和写是常见的表达方式，而唱歌、画画、摄影、朗诵、音乐、舞蹈、手工制作等，这些属于艺术范畴的技能技巧，其实也是表达方式，而且这些表达方式还能有助于学生身心健康的发展。心理学上提出了"表达性艺术治疗"，我将这一疗法运用到教育教学中。所以在日常班级教育过程中，在课堂教学中，尤其在技能学科类课堂教学中，要给学生提供多种表达的选择和平台，使他们更加健康成长。

美术课是孩子们特别喜欢的课，因为他们可以画画。画画可以是一样兴趣爱好，也可以是一类表达方式，还可以是一种特殊的心理护理手段。美国艺术治疗资格认证委员会（ATCP）于2007年将绘画疗法定义为是通过美术媒介、意象、艺术创造过程以及来访者对绘画作品的反应来呈现个体的发展、人格、能力、关注点、兴趣和冲突。可用于增强自我意识、缓解情感冲突、提升行为管理、发展社会技能、减少焦虑、帮助联系现实和提高自尊等。

美术课上，拥有一定绘画基础的学生，可以通过绘画自由地表达内心，即使绘画能力不强的学生，也能通过剪贴画、拼贴画表达内心，他们能够从大自然中取得自己想要的东西，花草、树枝等，去表达自己的内心。应让学生们通过多样的方式安全地释放坏情绪，使他们焦虑、烦躁等情绪得到缓解，心灵得到提升。每个学期，我们班级都会举行绘画展，把同学们在美术课上的作品展出，而不是比赛，目的就是触动同学的内心，让他们真实表达。

更多时候，我有意将绘画的表达方式引入语文课堂，比如在教学三年级下册第五单元第17课《我变成了一棵树》第6自然段"我变的树上长满了各种形状的鸟窝：三角形的、正方形的，还有长方形的、圆形的、椭圆形的、菱形的……风一吹，它们就在枝头跳起了舞。"这里就多次运用绘画的表达方式。下面是教学环节：

师：同学们，仔细读读这段话，它主要描写的是什么？

生：树。

（老师在黑板上画了一棵树。）

师：那么这棵树有什么特点？请你圈出关键词。

生：有各种形状的鸟窝。

师：同学们的关键词圈得非常正确，我们来好好地读这个词组。

（学生齐读。）

师：这个词组的关键词是什么？

生：各种形状。

师：那么具体有哪些形状的鸟窝呢？请你再读读这段话，一词都不落地告诉我。

生：长方形的、圆形的、椭圆形的、菱形的。

师：请同学们把这些形状的鸟窝画到课前下发的学习单上。

（老师巡视课堂，关注学生绘画过程。）

师：同学们画得都很投入，看着这些形状，你想说什么？

生：这些鸟窝实在太奇特了。

师：作者觉得鸟窝就只有这些形状了吗？有同学持不同的意见吗？

生：还有其他形状的。

师：你是怎么知道的？

生：省略号。

师：你觉得省略号里还可能有什么形状呢？

生：多边形、圆柱体、长方体……

师：那么请你们把自己想到的这些形状再次画到树上吧。

（学生再次绘画。）

师：此时此刻，你看到树上的这些鸟窝，有什么想说的？

生：作者把这棵树想象得太有意思了，这些鸟窝也太可爱了吧，风一吹，鸟窝还在跳舞。

师：是啊，这都是美妙的想象。你们谁愿意把这样美妙的画面读出美妙的感觉来？

（指名学生读。）

在上面的教学环节中，教师提问"那么具体有哪些形状的鸟窝呢？"通过圈一圈的方法关注核心词语，唤起学生已有生活经验，在其脑海中形成关于这些形状的记忆，长方形是什么样的，圆形是怎样的，椭圆形又是怎样的，而后又让学生在头脑中形成对这些形状的鸟窝的"再造想象"。

又让学生把这些形状的鸟窝画出来，通过画一画的形式让学生从抽象的文字走向直观的图像，让想象图式化，激发了学生从想象转为真实的创造力。而这些都是对文本深入阅读理解之后的转换行为，更为关键的是激起了学生对这段文字的兴趣和喜爱。

然后让学生想象省略号里还可能有哪些形状时，因为有了前面文字的铺垫，对省略号省略的内容，学生是有清晰的想象思维路径的，可以利用童话语境进行想象。三年级的学生可以利用文中这样的扶手，明确想象的方向和路径，这无形之中降低了想象的难度，激起了学生展开想象的内驱力。这一环节致力于学生创造想象的培养，是思维发展的深入。

最后让学生画一画自己想象的这些鸟窝，通过学生喜欢的绘画形式，实现了他们对于想象的深入探索和检验，让想象与真实结合；也让学生明白想象并不难，并不是不切实际的；并让学生对想象充满了成就感，更好地完成对自身想象力的培养。

朗诵是我在语文课堂教学中经常开展的学习活动，因为朗诵融合了文学、音乐、舞蹈这三种艺术，是各种感官的综合运用，能让学生得到多方面的锻炼和表达。根据我20年的班级实践经验，学生在朗诵时会有意无意地去欣赏自己的声音，有利于开发右脑，也是在做思维体操。

大声朗读的最好时间是早晨，所以我会利用班级晨读时间开展。除了有两个小小领读员站在班级前面声音响亮地领读之外，每个小组都有小组长领读，在班级的各个方位都萦绕着朗读的声音，以此渲染全班朗读的氛围。然后利用班会课，评出每周、每月、学期朗读小明星，被评为朗读小明星的同学才有机会参与班级领读员选拔，以此带动同学们更加积极地参与到朗读中来。

在日常语文课堂中，我倡导大声朗读。每天的语文课堂上，我至少提供两次大声朗读的机会，并在全班巡视，把耳朵贴近每一位学生，去聆听他们的声音，去评价他们朗读的质量，从而促进每一位学生大声朗读水平的提高。特别是在一二年级的教学中，我几乎每节课都让学生给童谣、诗歌等简短课文定下节拍，用韵律操、拍手歌等方式，把课文吟诵出来、表演出来，受到了学生们的欢迎。

借用赛事开展朗诵水平指导非常重要，因为比赛有时间限定，需要大家特地抽出时间练习。在这一段时间里，学生们接受沉浸式训练，朗读水平会随着排练频率逐步提升。随着水平提升，学生们的自信心会增强，更愿意在人前展示自己，自我意识水平也提高了。因为我本人喜欢朗诵，也获得过省市演讲和朗诵比赛的一等奖，所以学生们的朗诵节目在我的指导下，经常获得省市朗诵比赛一等奖，最高荣誉是获得全国一等奖，并得以压轴表演。因为成果喜人，同学们更加认可朗诵。到了五六年级，班级里的学生们自己已经能够排练节目，并在各种赛事中获得大奖。

朗诵时，学生们必须全身心投入其中，有利于专注力的提升。我也发现班级喜欢参加朗诵活动的学生性格大多活泼外向。有心理学知识表明，朗诵的确能够改变人的性格，因为经常开口朗诵，久而久之形成张口表达的习惯，并从中感受到表达的快乐，那么学生的性格真的发生了改变，对其他活动的参与积极性也提高了。我还发现喜欢朗诵的学生语文成绩相对稳定且突出，作文水平普遍高，这大概是因为在朗诵过程中，学生形成了良好的语感，积累了名篇佳作，在不知不觉中语文素养得到了提升。

这些年课本剧在班级和学校兴起，虽然这需要学生有一定的表演能力，但仍被广泛接受，因为课本剧是将学生熟悉的文本搬上舞台，学生对剧本没有陌生感、隔阂感。学生能在各种角色的扮演中表达出自己在生活中遇到的问题，将不愉快的经历表达出来，在表演中处理以前未能处理好的问题，增强对未来生活的信心。于是，我在班级里设立"课本剧"课，指导学生对《狐假虎威》《守株待兔》等课文进行表演。课堂上先学习课文，在学习课文的过程中，有意识地利用关键文本段落对学生进行表演指导，等待学完全文之后，再鼓励学生在班级里举行完整的表演。

下面是《狐假虎威》第二课时重点环节教学：

（一）抓关键动作，读演结合，感受狐狸的机智

1. 听着你们的朗读，这只小狐狸仿佛就出现在老师眼前。这节课我们要继续演好这个故事，请大家自由读一读7~8自然段，看看狐狸是怎样带老虎到百兽面前走一趟的？边读边圈出描写狐狸的词语。

预设：神气活现、摇头摆尾、大摇大摆。

2. 理解体会这些词语。

（1）课文描写的这只狐狸是神气活现、摇头摆尾、大摇大摆的，这到底是什么样的姿态呢？别着急，看看课本插图里的狐狸是怎么走的？

（2）交流反馈，学生表演。

预设1：狐狸昂头挺胸，尾巴翘得高高的，一副不把别人放在眼里的样子。

预设2：狐狸手脚并用，挥舞着双臂，迈着大步子，尾巴甩来甩去。

评价：你仿佛就是这个故事中的狐狸。大摇大摆的样子可真得意！

（3）谁还关注了狐狸的眼神？

预设1：狐狸用余光悄悄瞄老虎，看看老虎的反应，心里还有点害怕。

预设2：想看看老虎到底相不相信，会不会看出破绽。

评价：你的观察可真仔细，小眼神都被你捕捉到了。上来演一演。

演后评价：你不仅动作逼真，眼神也传神。

3. 狐狸这样的姿态有用吗？真的能让老虎上钩吗？请再读6~8自然段，找一找相关的词语和句子。

预设1：老虎——从半信半疑、东张西望到信以为真。

预设2：小动物——从纳闷到撒腿就跑。

4. 老虎从半信半疑、东张西望到信以为真，小动物从纳闷到撒腿就跑，

这到底是一种怎样的变化呢？（指着黑板）老师想请几位同学演一演。谁想当老虎？谁想演小动物？请小演员们仔细听老师引导，演出前后变化。其他同学仔细观察演员的动作和表情，等会儿请你们评一评。

狐狸神气活现、摇头摆尾，老虎半信半疑、东张西望。小动物们看到狐狸大摇大摆，纳闷极了，再一看，呀，一只大老虎，小动物们撒腿就跑。老虎终于信以为真了。

（1）你觉得哪位同学的老虎演得好，为什么？

预设：我觉得 _____ 演老虎演得好。他刚才皱着眉头，瞪大了眼珠，把"半信半疑"演出来了。他把头摇来摇去，好像在看小动物的反应，把"东张西望"演出来了。他点了点头，把"信以为真"演出来了。

（2）再请刚才三位演小动物的同学上台，评价哪位同学把小动物演得更传神。

预设：他托着腮帮，挠着脑袋，一脸疑惑的表现把"纳闷"演出来了……

5.谢谢你们，你们的表情和动作把小动物的变化表现得真充分。

6.看到小动物的表情，老虎信以为真。狐狸的计谋成功了，他脱险的计谋用文中一句话说就是……出示放大句子，指名说。用一个四字词语来概括，就是……（狐假虎威）

预设：老虎信以为真。其实他受骗了。原来，狐狸是借着老虎的威风把百兽吓跑的。

7.是啊，狐狸战胜了比自己强大的老虎。其实学会与不同的人相处也是一种学问，读完故事，当你遇见威胁自己的对手时，你会怎么做呢？

预设：要冷静不慌张，要向狐狸一样机智应对；不能正面交锋，也可以借敌人害怕的力量去对付他。

（二）完整表演情节，感受狐狸的机智

1.这个故事我们还可以搬到小剧场，通过表演让更多孩子看到，明白如何与强敌相处的道理。四人小组合作，先确定好角色，然后听着音乐有序排练，准备五分钟。

2. 出示评价目标：

（1）借助关键词，能够完整地表演6~9自然段。

（2）通过动作加表情，能够演出老虎、小动物前后的变化。

（3）能够适当加上一些语言。

3. 表演展示。

4. 小结：你们的表演很精彩，让老师有身临其境的感觉。

（以上教学环节感谢董政的贡献）

学生在课堂上的表现非常精彩，因为他们可以"游戏"其间。以多样的表达方式对传统课堂进行"改革"，更能体现以人为本的精神。

我曾将《德国，一群老鼠的童话》搬上舞台。我先让学生们诵读整本书，然后让学生们投票选择自己喜欢的章节。选好章节之后，让每个学生选择自己喜欢的角色进行练习，班内开展演员海选。确定了演员，就邀请校内专业的老师或是家长帮忙辅导，成熟之后，班级借助学校的艺术厅汇报演出。利用直播等方式进行校内外的宣传，赢得了好口碑，学生们的参与激情高涨，觉得自己就是小明星。

除了课本剧，我们还探索了国学剧目、经典剧目改编等；除了中文的，我们还举行英文戏剧表演，同样深受学生们的喜欢。我们还和同年级各班开展戏剧项目化学习，充分调动学生主动学习和创新的能动性，让学生们感受到学习的乐趣。

我没有将这一份积攒起来的能量只停留在课堂上或者班级层面，还把有表演能力的同学们推荐到学校话剧社。学校一直聘请专业戏剧人担任老师，他们有多年戏剧相关工作经验和教学经验，能够将国际前沿的教育戏剧和应用戏剧理念融入到学校的话剧社教学实践中。

从专业的声、台、形、表训练到创意想象和多维表达的培养，让学生们打下坚实基础。随着学习的深入，还提升了学生表达、想象、专注、合作、思辨、自信、逆商等能力的发展。

校内的平台还不能完全满足个别拥有戏剧表演天赋的同学，于是我鼓励他们参加杭州市少儿戏剧学习，还创设机会组织学生到西溪天堂艺术中心、杭州剧院等大型舞台表演。

除了课堂活动，课外活动的开展也要丰富多彩，这有助于拥有不同表达方式学生的成长。跳集体操、捏橡皮泥、做玩偶、搭乐高等活动，都可让学生在其中得到放松。开展摄影比赛，能够增加学生对生活环境的敏感。开展秘密日记、诗歌创作等书写类表达活动，帮助学生们回忆、感受生活。组织学生重读或朗读自己的作品，从而洞察自己的情绪及内心挣扎，反思过往，促使进步，绕过生命错误的弯道，明确通往未来的捷径。

以活动为载体，触发学生以多种方式表达自我，为生命成长多开几道门，为情绪表达多开几扇窗。

第四章

建立积极的师生关系

36. 注重情绪卫生：
扩大教师积极情绪的蝴蝶效应

今天早上，我妈等了半个多月的围巾快递还是没送到，她很生气，责问我到底有没有帮她买。我早就下订单了，卖家发货迟，物流也延迟了。我也气呼呼的，这不是我的错。

开车去学校上班的路上，本来就窝着一肚子火的我看到前面的车一会东拐，一会西绕的，气急败坏的我打开车窗，正想骂一句。结果，跟其他车撞在了一起。

好不容易到了教室，正准备上课，胡理理同学又和同学打架了。于是，我情绪失控，差点动手揍那小子。幸好幸好，我学过心理学，及时泡杯咖啡，让自己冷静下来……

情绪是会传递的，这也叫群体性癔症，即使一个人没有和你面对面交流，你们隔着屏幕，但你发出的语音、信息都在传递着某种情绪。当然，这情绪是多样的：平和的、高兴的、沮丧的、难过的、悲伤的，在生活中，人与人之间的相处势必存在着这么多情绪的交叉。

"踢猫效应"就是非常典型的坏情绪传染过程，告诉人们要重视坏情绪对环境的污染。坏情绪还会致病，据心理学家调查，很多生理性的疾病都是由坏情绪引起的。

当然，良好情绪也会传递。但心理学家发现，好情绪的传染性比坏情绪弱，一个人的坏情绪可以传染给好几个人。面对多样的情绪，我们应该将积极情绪扩大。

传统的情绪管理是引导人们通过抑制思想和行为来减少消极情绪，这很可能会过分消耗人的心理资源。而积极情绪拓展—建构理论认为，积极情绪不仅可以拓展个体的心理资源，同时还能帮助个体建立起持久的个人发展资源——包括身体资源、智力资源和社会性资源。

教师积极情绪的拓展，有其独特的功能。

在认知方面，积极情绪能够扩大老师的关注范围并促进思维的多面性与深刻性。拥有积极情绪的老师能够根据学生的内心需求来组织教学活动，且能对课堂中出现的各种情境做出最有效的反应，从而唤起学生的求知欲与好奇心，启发学生智慧。

在师生关系方面，积极情绪是师生关系的润滑剂。老师拥有积极情绪会增加自己的信任感和亲近感，使自己的情绪表达恰到好处；拥有积极情绪的老师更易觉察学生的情绪，并加以有效引导，及时帮助学生解决问题，化解冲突；与此同时，还能产生皮格马利翁效应，学生会觉得老师喜欢自己，从而形成良性的相互合作循环。

拥有积极情绪的老师，更容易升华自己的反应行为，更容易养成积极品质。积极的老师会将自己所遇到的工作上的困难视为对自己的磨炼，视为自己成长的必经之路，从而积极应对这样的挑战。他们看待学生的眼光也是积极的，能够发现学生的闪光点，并影响学生积极情绪的养成。

一个拥有幸福感的老师会比一个有消极情绪的老师更具教育功能性。那么，老师如何实现自我积极情绪的拓展，实现幸福的传递呢？

主动扩大已有积极情绪，从中得到幸福感。去观察这个世界，就能体察到幸福。一朵白云飘荡在天空，有人看到了诗意，于是吟诗作赋，而有人则无动于衷。仔细观察这个世界，你就会有新的发现。观察学生也是一样的。你总是能沉浸在你作为老师所得到的幸福中，这样的情绪就会激发你的工作热情和对待学生的热情。那么，学生也会深受影响，也积极乐观地对待周边发生的人和事。

及时激励学生，时时肯定学生。等待优生转化，是一件令人头疼的事，然而拥有积极情绪的老师能经常观察这些学生，一旦发现这些学生的点滴进步，就会用各种方式鼓励他。将积极情绪最大化拓展，被鼓励的学生和家长高兴，那些没有被鼓励到的学生也希望自己积极进步，争取得到鼓励。难道这样被人喜欢的老师不幸福吗？

要提升对积极情绪的认知。有的老师看到的都是学生的不良行为，几经教育，就觉得这个学生无可救药。那么面对学生的时候，很容易传递不良情绪。而有的老师则认为从来就没有坏孩子，孩子都是天真善良的，只不过有些孩子行为失当，这样的认知就导致了老师对待学生的情绪是不一样的，那么表达出来的语言让孩子听起来也不刺耳了。很多老师会将某件小事看得很大，这可能是因为他们缺乏大局观和系统观。当我们在教育学生的时候，把学生的某次不当行为看小、看淡，就不会那么生气，消极情绪值就会降低很多。

老师要对每一个学生表达出自己的关心，搜集每个学生喜欢的关心方式并整理成清单，然后用他们喜欢的方式去表达。为了确保关心全面且到位，要把全班每个学生的名字列在表格上，做好记录，已表达的打钩。

当面问候每个学生，不论在校园的哪个地方遇到学生，要主动和他们打招呼。有的时候，也可以跟学生们握手或击掌。还可以建立班级特有的打招呼方式，只要是大家都接受的。

要设置特别的时间，在此期间不做跟学习有关的事情，留出单独的时间和个别同学相处，聊些彼此喜欢看的书、听的音乐，交流最近的感受，一起吃点小饼干和小糖果，一起去种植园拔草等，让学生们感受到平等、尊重和接纳。

只要老师们坚持做好上面的事情，学生们的消极行为就会减少很多，因为老师用积极的情绪和方式，与他们建立了深度情感连接，让他们感受到了尊重和爱。

但不是说不能有消极的情绪，而是我们要主动调节消极情绪。在消极情绪扩大之前，去做积极的暂停。运动可以使人产生多巴胺，会让人更加快乐。听音乐也能使人放松，得到情绪的释放和调节。而这样有意识地引导自己，可以构建良好的心理素质。心理素质好的人无论遇到什么样的困境，总能重新站起来。所以，在班级里多开展一些积极体验的活动，让学生愉悦起来，那他们就能养成积极的习惯。习惯一旦养成，就有了自动化思维，学生就有积极行为，就容易内化成积极品质。教师也是如此，要刻意训练自己，对不好的事情也要看到其积极的一面，从而养成良好的看待世界的习惯。

要做积极的表情，要将自己的情绪做整体化管理。在学校、在家、在各种场合都要注意情绪管理；在学生面前、在同事面前、在不同对象面前都要注意情绪管理；在与人相处时要注意情绪管理，独处时也是。很多时候，我们主动对生活中的一些事物感到愤怒，其实这件事有很多其他的可能性，很可能与自己没有什么关系。也有时候，我们的确应该反思自己的消极情绪所引发的不良影响，找出与自己原来积极信念对接的系统热点，改变教育教学行为和管理模式，那就会打破消极情绪模式，优化自己的情绪模式。

好的情绪能使人产生更多的内啡肽，使人更健康长寿。一个笑容满面的老师走进教室，整个班级的孩子肯定会知道，今天有好事发生。人都有镜像反应，会受到环境的暗示。社会传染科学提出影响是通过观察传播的。会传染的暗示和线索遍布于环境中，并贯穿于人们的口头和书面文字中。

识别自己的情绪，学会控制自己的情绪，阻止坏情绪的扩散，是一个人的修养。无论身在何处，每天都要追求积极情绪，把积极情绪植入生活，把拥有积极情绪看作是一笔明智的投资，把寻找积极的意义变成默认的心智习惯。

37. 注重心灵关爱：
暖心陪伴是教育的前提

已经过去十年了，但小木同学与我相处的几个画面时常浮现在我的脑海里。

第一幕，发生在一年级。新生入学刚一个月，高大强壮的小木就和同学打架了。小木高大帅气的形象很适合担任旗手岗位，我想应该再给他一次机会。于是，我拉着他的手，两个人在操场上一边走一边谈话。我跟他聊如何和同学相处，认为他应该为刚才的事情去道歉。这时，他没有丝毫不高兴、要辩解的意思，而是完全接受，照着做了。

第二幕，发生在小学二年级上学期期末复习的阶段。班级里的同学们都认真准备着各项过关考核，而小木则经常在我的课堂上答非所问，故意插科打诨。有时，趁我转身在黑板上写字之际，他站起来扭屁股跳草裙舞；有时，突然站起来抢答问题，然后借机对着大家做鬼脸。这些举动引得同学们哄堂大笑，扰乱了课堂的正常秩序。不仅在我的课堂上如此，其他课也未能幸免，班风就这样被破坏了。后来，他又去网吧玩电子游戏，还会拿别人的东西，总之，他的行为让人头疼不已。

第三幕，发生在三年级。小木的作业完成得很糟糕，成绩更是拖班级后腿。我就把他和成绩不好的孩子集中起来辅导，其他同学表现得挺不错，成绩也有进步,小木不但没有进步,还捣乱。不是抓抓这个同学,就是挠挠那个同学,尽干些惹人厌的事。有时我真的很生气,想直接放弃他,不让他参加了。可是总归是自己的学生,担心他再这样差下去,初中学习会更加辛苦。

有一天,其他同学刚好被数学老师叫去辅导了,只有他一个人坐在我办公室里写作业。那天的他出奇乖巧,全程都很认真,没有表现出任何不良行为,而且作业效率也很高。我说什么,他总是用眼睛看着我,时不时地点头,认真听取,而且反应很快。回应我的话语语气也很轻柔,跟他平常的样子判若两人。我内心不禁问:"哪个才是真实的他?"

这到底是为什么?当我和他独处时,他显得那么乖巧懂事,但在班级里,他经常状况百出,会让人觉得他是一个坏孩子。实际上,他本质不坏,智商不低。

有一次,他写了首诗叫《地球是杯超级大的酸奶》,我推荐他参加县里举办的小学生儿童诗创作比赛,获得二等奖。我在班级里表扬了他,他很开心。那段时间,他整天跟在我身后,就像我是他的妈妈。

我常常找他的家长谈话,希望通过家校合作改变孩子。他的家长当场表示即使很忙也会尽力配合。而事实上,小木的家长对他依旧不甚上心,小木经常被托管在校外补习班。再好的学校教育都抵不过家庭教育,后来我才知道小木的爸妈对他的付出实在太少。

我应该从小木的成长背景去找答案。经过认真了解,原来孩子在四个月大的时候就被托管在托儿所,每天都跟陌生人在一起,一个星期才回家住一个晚上。可以想象,托儿所的老师一个人要照顾那么多别人家的小孩,做不到像家人那样用心、细心,很难付出真情养育。他从小到大,跟父母相处的时间还不如跟托儿所的老师相处得时间多。而到了小学,小木的父母还是将他托给别人抚养。

需要父母情感倾注的时候,他要么自己一个人躺在床上无助地睁着小眼睛望着天花板,要么就是使劲哭喊,回应他的并不是父母真正的爱,而是保姆、老师机械式的操作。他得到的感情回应是冰冷的、稀少的,在他最需要父母陪伴和关爱的六年里，父母的陪伴缺失，他幼小的心灵就像一片荒芜的沙漠。

摸清了孩子的成长背景和家庭情况，我也就明白了孩子行为背后的原因。我查阅了很多心理学书籍后，才明白孩子原来是在寻求爱，寻求关注。这也就能解释为什么我和他单独相处的时候，他会那么懂事听话：因为那时我是他一个人的老师，我所有的关注都在他一个人身上，他得到了满足，而这是他成长的岁月里从来没有过的。

他在课堂上捣乱的目的就是想让老师们关注到他的存在，因为他一直在跟很多人竞争爱，只有用这样的方式，他才能得到老师单独注视的目光。

他用错误的行为去表达了自己内心的需求，老师和家长没有看懂，然后他得到了很多批评，很多误解。可是等我读懂后，小木也毕业三年了，好遗憾。

感谢著名心理学家阿尔弗雷德·阿德勒（Altred Adler），感谢简·尼尔森（Jane Nelsen）的"正面管教"系列丛书，让我明白了小木的内心世界，看到了他内心的需要。现在我的学生当中有几个和小木有类似的成长情景，我会用更科学的方式对待他们。多么幸运，我还有机会弥补过失，温暖一颗颗幼小的心灵，陪伴他们健康成长。

如果再回到从前，我会让小木的爸爸妈妈无论如何每天都要接送小木上下学，陪孩子吃饭做功课，陪他参加班级各种活动，见证他成长的每个瞬间。所以，我把这样的建议给了现在学生的父母，督促他们履行责任。

如果再回到从前，我会邀请小木来我家吃饭，给他做他爱吃的饭菜，让他每周都成为我的座上宾，给予他更多的关怀。所以，现在，我就落实到自己日常的行动中，邀请学生到家里来做客，给予他们温暖。

如果再回到从前，我会继续让小木担任班干部，寻找更多的机会让他展示自己，让他的爸爸妈妈和同学老师都看到他的光彩。所以，现在，我让每个孩子都拥有骄傲的班干部岗位，确认自己的价值，发挥自己的长处，令他们闪闪发光。

如果再回到从前，我会跟许多老师和同学解释这一切，让同学们喜爱他、帮助他，让他走出成长的沼泽……

所幸的是，上天保佑良善之人，小木没有成长为坏孩子，他长高了，长胖了，只是成绩不理想，但也上了大学。他一直很喜欢我，他说我是对他最好的老师，我们一直保持联系。

被爱的孩子才乐意做出改变，才对改变持开放态度。因为他知道有人给予他温暖和爱，所以他愿意接受这个人给他的教育。

38. 积极关系提升：
了解孩子最初的成长背景

"小欢总是喜欢拿别人的玩具玩，这可怎么办？很多小孩认为这种行为是偷，我都不知道怎么跟家长说。"

"浩浩总是迟到，这都已经迟到十次了，跟家长讲了几次都没用。"

"承宣的身上有股怪味道，感觉是很多天没洗澡了，这些家长也太不关心孩子了。"

上面的几类事经常发生在班级中，很多时候，因为各种原因，我们只看到了学生的行为表现，却没有深入到他们的生活、成长背景中去了解。

喜欢拿别人玩具的小欢，从小跟着外婆生活，被过于宠爱，所以养成了坏习惯。

总是迟到的浩浩还有个双胞胎哥哥，他的动作特别慢，妈妈总是让浩浩等着哥哥，尽管每次都被批评，但父母真的束手无策。

身上有怪味道的承宣是个可怜的孩子，父母在他很小的时候就离婚了，他跟着爷爷生活，而爷爷忙着拉车，没空管他。

老师接手新班时大都要让学生家长填写一张学生信息表，里面大概包含家庭住址、联系电话、父母情况、学生出生日期、特长等信息。很多时候，老师只用了里面一部分信息，甚至大多只用到家长的联系电话。那么其他的没有意义吗？其实是没有将这些信息利用起来，没有体现它们的价值。

经过多年的实践，我发现对学生入学前的事情了解得太少，导致我们根本没有了解这个学生，不懂得学生成为今天样子的原因是什么，帮助孩子的举措不能解决根本问题。

了解学生，是建立积极师生关系的第一步，也是教育的第一步，恰恰也是最关键的一步，我们却忽视了。学龄前是一个人成长的关键期，他的性格、心理、兴趣爱好等都在这个时期形成。

于是，我设计制作了一张学生成长信息记录表，里面的每一项信息都有的放矢，能帮助我对学生们的行为模式有初步了解，发现其成长过程中存在的优劣势。

学生成长信息记录表

姓 名		照 片	
出生年月		性 别	
出生顺序（按照顺序逐一写下）		出生头三年的抚养人	
出生地（是否与现居住地一致）		最亲近的家人	
父亲姓名、年龄、职业（选填）、联系电话		母亲姓名、年龄、职业（选填）、联系电话	
最喜欢吃什么		最喜欢／最擅长干什么	
最害怕什么		是否有过敏史（过敏原是什么）	
孩子对自己的期待		父母对孩子的期待	

上表中简单的项目我不再赘述，下面就重要的项目进行说明。

"出生顺序"要求家长将家中子女按照顺序逐一写下，这是根据心理学家阿德勒提出的出生顺序效应来设计的。在同一个家庭中的兄弟姐妹，由于其出生的顺序不同而形成在家庭中的独特经验与不同地位，使孩子不得不采取相应的方式适应生活，生活风格发展也受到影响。长子有长子的性格，幼子有幼子的性格，我们可以由此去判断孩子大致的性格特征。

了解"出生头三年的抚养人"能够帮助我们判断孩子最早产生情感依恋的人是谁，知道孩子在家比较听从谁的教育，孩子安全感的建立在什么时候、什么地方、什么人身上。中国人民大学教授李玫瑾认为人的心理抚养关键期在七岁之前，成长后期的一些问题，都能在七岁之前找到原因。这一项让我们知道孩子最初的抚养人是谁，从而判断父母对孩子教育的效度。由父母亲自抚养的孩子大多能够听从家长的教育。孩子一次次地表达自己的需要，父母能够一次次积极地回应，然后总是这样不断循环着，形成依恋关系。孩子依恋谁，就听从谁的教育。由旁人抚养的孩子心理容易缺少安全感，父母管教的效度也相对减弱。

　　学龄前，孩子的出生地与居住地是否保持一致很重要，孩子的安全感与空间也有一定关系；父亲和母亲的年龄差距、从事职业，家庭关系和谐与否等，都对孩子的成长具有重人的影响。

　　根据这个表格初步了解学生成长情况之后，日后还要针对这些信息进行观察，发现学生在集体生活中的问题，以此准确把握解决策略，及时帮助学生走向正轨。对于学生的性格特征、能力、特长也要及时把握，并提供合适的展示平台，让学生在学习过程中找到自我价值及存在感。

　　当把班里学生的行为进行横向对比，发现他们之间的行为存在偏差时，那么就可以通过这张表格里的信息去发现存在问题可能的根源是什么，并采取针对性的解决策略；还可以根据这张表格观察学生纵向的成长过程，发现其成长轨迹，每个学期进行总结，鼓励进步，发现问题，给予学生修正策略，给予家庭指导方法。

　　瑞士著名教育家裴斯泰洛齐（Pestalozzi）将其毕生的教育研究和实践集大成于一点，精辟地指出："教育要心理学化。"精准了解，精确解决，探索学生内心世界，这是我们教师教育能力走向专业化非常重要的途径，这也体现出教育是一门科学。

39. 积极关系经营核心：
尊重每个学生的成长

有班主任说："我们班的学生不喜欢我，在日记里总是说喜欢数学老师，我很难过。"

也有班主任说："有学生跟家长说我偏心，其实我一点都没偏心，他们为什么误解了？"

其实，积极师生关系的建立并不容易，需要班主任去关注每个学生，尊重每个学生，细心留意班级里发生的事情，去做智慧的处理，真正赢得学生的信任，才能让学生对你敬爱有加。

"号外，号外，今天，我们的小夏同学单元检测考了97分……"

我的话音还没落，教室里就闹哄哄的，"他怎么可能考97分，考79分还差不多"。类似这样的议论纷纷而起，还有人站起来检举小夏考试时抄袭同桌的作弊行为。

此时，全班50双眼睛齐刷刷看向小夏，小夏竟面红耳赤，好像这97分真是"偷"来的。

我忙做了个夸张吃惊的表情，问那位同学："这位同学，你亲眼看到他抄别人的吗？"

"没……有！"小张同学支吾了一阵。

"既然你没看见，怎么能随便说人家是抄的呢？"我平静地问道。

"他肯定是抄同桌的，因为他平时学习一直很一般的！"小张说得振振有词。

再看看小夏，他的头都快低到抽屉里了。

我不慌不忙，从一摞试卷中找出小夏同桌的试卷，然后高高举起小夏的试卷，说："小夏同学不仅没有抄同桌的，也不可能抄任何人的。他是班级里考最高分的一个，是唯一的一个97分。"

此时教室里鸦雀无声，刚才议论、嘲笑小夏的同学此时面红耳赤。

我提议："让我们以热烈的掌声向小夏同学表示祝贺。"我带头鼓起掌来，先是稀稀拉拉的掌声跟着，然后才连成了一片，响彻了整个教室。

"事情不能这样结束啊，孩子们，小张同学，老师觉得你现在需要做一件事，你知道是什么吗？"

小张同学慢吞吞地从座位上站起来，红着脸，在同学们的注视下鞠了一躬，跟小夏道了歉。

那一声"对不起"，很小声，但小夏听到了，开心地笑了，回应了一句话："没关系。"

然后小夏看向我，眼睛里有深深的信任、诚挚的感谢，还有无比的尊敬。而后我每次讲话时，小夏都盯着我看，不时地点点头，我知道我住在他的心里了。

教室这一方天地应是倡导公平的场所，是孩子们养成良好品格的地方。每个学生都应被公正对待，所有人都要在这里得到尊重，谁都不能随意践踏别人的尊严。

有了这样的班风之后，班级里还要不断强化其他正确的观念，给班级积极观念赋能。一定要通过正确的引导和强化，帮助每个学生树立正确的观念和意识，包括学习观、价值观和人生观，保障每个学生都能有习得正能量行为的氛围。

还要引导学生设定边界意识，尊重他人，反对打小报告、背后讨论别人隐私等行为。无根据猜测，更是不可取的。

所以，每个人在拥有正确观念的班级文化氛围影响下，形成正确的观念。他们会以嘲笑弱者为耻，以能帮助他人为荣；会以说别人短处为耻，以欣赏别人为荣；以懒惰为耻，以勤劳为荣；以懦弱为耻，以坚强为荣。真诚地为表现优秀的人喝彩，这是一种为人的风度，是一种高雅的修养，也是一种正确的观念。

　　然而故事并没有结束，我要把学生们引向正确的方向，于是继续这样说："的确，小夏同学之前成绩并没有那么好，但这不能表示他永远考不出好成绩，更不能因为他考了好成绩，就随意猜测他是抄的。这对小夏同学来说是不尊重，对同学们来说也是不公平的。我们换位思考一下，如果有一天你考了好成绩，别人也怀疑你是偷看的，你不难过吗？"故事仍在继续着。

　　教室里更安静了，学生们听得很认真，"你们每个人都会成长，每个人最终都能长成一棵参天大树，只不过是品种不同的树。"

　　我一说完，学生们都点点头。

　　"是的，老师，我是一棵白杨树。"

　　"我会是一棵棕榈树。"

　　"我是……"

　　这些爱开玩笑的学生又开始开玩笑了，你一言，我一语。

　　"哈，哈，哈，你才不是红杉树呢，你有那么红吗？"

　　"你才不是……"

　　好像教室里刚才什么也没发生似的，但我知道教室里的的确确发生了什么。

40. 积极关系"定盘石"：坚持公平公正

小学最后的六一儿童节，操场上很混乱，前排学生站到椅子上看节目，挡住了小安和同学的视线，致使他们看不到演出。于是他们跳起来看，恰巧被体育老师发现了。这位老师当着全校学生的面，狠狠地批评了他们，但是其他站到椅子上看节目的同学都没被批评，小安和同学气得浑身发抖。

小安小学毕业后的第一个月，他跟着妈妈回母校玩。当小安走到操场的时候，他脑海里对那件事的愤怒瞬间涌上心头。此后，初一第一学期，小安经常梦见那个场景，并在愤怒中醒来。于是，小安添加了体育老师的QQ，在QQ上用特别难听的话把老师痛骂了一顿。至此，小安终于把那件事放下了。

老师的不公正行为深深伤害了小安，影响了师生关系。老师在教育教学过程中秉承公正原则，有利于调动每个学生的学习积极性，有利于教师威信的形成，可以给学生的心灵以良好影响。那么，如何在师生关系中，做到公平公正呢？

看到每个学生的进步。有个学生之前成绩一直很好，但自从这个学期换了一个科学老师之后，这个学生成绩直线下滑。经过交流发现，原来的科学老师对这个学生一直很关注，对他的学习表现很满意，时常表扬他。而现在的老师没有对他投以欣赏的眼光，还经常对他的课堂行为表示不满意，他感觉自己的努力没被肯定，感觉到老师很偏心。

师生交往过程中，教师对学生行为的评价、情绪反应和行为表现，会影响学生的自我体验和评价，尤其对学生个性发展中的诸多心理因素，如自我意识和自尊等有重要作用。

确认将关怀送达每个学生心中。老师要关心每一个学生，搜集每个学生喜欢的关心方式并整理成清单，然后用他们喜欢的方式去表达。为了确保关心全面且到位，要把全班每个学生的名字列在表格上，要做好记录，已表达的打钩。确保每个学生都能受到关心，感受到爱。

当面问候每个学生，与每个学生都建立一种直接的情感连接。不论在校园的哪个地方遇到学生，我都会主动和他们打招呼。上学时，我会和礼仪生一起站在班级门口，迎接每个学生。放学时，我会送同学们到校门口，然后和每个同学说再见，挥手告别。

注重沟通方式。研究表明，情感连接是影响学业成绩的重要因素。在纠正学生不良行为之前表达老师的关心，认可学生的感受，学生能够获得尊重和关注，就能获得解决问题的内心力量。

交流时要看着对方的眼睛，以增强情感连接。坐下来和学生处在同一水平视线上，以尊重的姿态轻柔地和学生沟通交流。这样一来学生也会做出更善意的回应。

认可感受能建立情感连接，这是一种强有力的行为纠正的方式。可以引导学生画出认同感受的思维导图，并通过观察判断他的内心想法；以轻柔的方式与其沟通交流，让学生表达自己的想法；教师去感受想法背后的情绪，最后再商量解决方案。

多为学生着想。无论是小学生，还是大学生，现在学习压力都很大。老师在处理与学生关系的时候，多多为学生考虑，就能赢得好人缘。我经常会根据学生今天各科的作业总量，来调整自己语文学科的作业量，有时候甚至不布置。不是我觉得自己教学能力有多高，而是我从心底里理解学生的不容易，作业太多，把学生一个个逼入死胡同，那会得不偿失。我希望我的学生首先做个健康的人，然后再努力成为一个优秀的人。我定下了自己为师的行为准则，定下了班级学生行为的主色调，不疾不徐中，将学生的人生根基打扎实，这也赢得了学生和家长的认可。

多与学生探讨，减少为师的强势之态。在教育实践过程中，我们强调以学生为主体，但从心理学的角度上看，老师和学生还是存在着差距的，教师则更多呈现出强势的一面，尤其面对的学生年龄越小，这一点越突出。

"你们的想法是什么？""你们有什么困难？"我多次以这样朋友式的口吻去帮助学生，积极调整和学生相处的方式方法。

我也会指导学生如何跟各科老师处理好关系。我指导同学们找出每个科任老师的三个优点，写在贺卡上，送给这些老师，这能够润滑双方关系。很多同学接受了我的建议，并在和某个平时很幽默的老师交流时，还会说："老师，我觉得您很幽默！我要跟您学习这样说话的方式，让人很舒服。"哪位老师不希望自己拥有"小粉丝"？这样一来，老师就经常流露出对学生的欣赏，那么彼此关系就更好了。

批评要巧妙，保护学生的自尊心。当我们对学生的某些行为不认可的时候，不要当众批评，而要私下交流。每个学生都是有自尊的，当老师给了他们面子，他们会很感激的，纠错也就会更及时。如果被当众批评，学生内心的愧疚感被抵消了，有的时候很可能会让学生起了逆反心理，他们就破罐子破摔，天天违纪，天天气老师。

学生内心都有反馈机制。他们认为，你这样批评我，我觉得不公正，现在我比你弱小，没办法反抗，但到了我可以反抗的时候，对不起，我一定要讨回公道，把憋在心里的这口气疏散了，我才能放下，内心才能平衡。所以，老师要适度宽容学生不当的行为，允许他们犯错，哪个学生不做错事？

每个人心里都有一亩田，可以种桃种李种春风，也可以种下怨恨酿悲剧。作为师者，要谨言慎行，尽己所能地呵护学生成长。这些学生的心灵也在成长，你给予他们爱，他们心中的爱会越来越多；你给予他们恨，恨也随着他们越积越大。愿我们给予更多爱，收获更多的爱！

41. 积极关系循环构建：
"花式鼓励"让心灵开花

"林老师，林老师，我这个单元听写得了一百分呀，一百分！"孙成说这话的时候，语气里充满着高兴，眼睛和眉毛都笑弯了。

"听写得了一百分至于这么高兴吗？不是很容易吗？"我的内心是这么想的，可出于对学生积极性的鼓励，我随口说道："看来你最近很努力，真不错啊！"

然后，我低头继续批改作业。改着改着，突然想起："刚才是孙成听写得了一百分呀！真的太难得，太好了！我得好好表扬他！"

"同学们，请大家安静一下。这次听写得满分的同学有……"

我依次点名，然后到孙成的时候，故意做了很长时间的停留："今天，这位同学太值得表扬了！虽然刚开始上学的时候成绩并不理想，可是他不断地努力，每个学期成绩都在进步。今天听写居然得了一百分，你们猜他是谁？"

"是孙成，孙成！"孩子们齐声喊着，掌声很热烈。

的确，看到自己的努力得到了同学们的认可。他坐在位置上，笑得那么开心。

四年前，小学一年级的时候，第一单元检测孙成只考了60分，这对他伤害挺大的，我找家长来谈话，家长很配合。了解情况之后，才发现他很多能力被压制了，家里长辈把什么事都代劳了，这么大了吃饭还得大人喂，衣服还是奶奶给他穿，天气冷的时候别人穿两件，奶奶非给他穿三件。

个体心理学认为，所有孩子都有追求优越感的欲望，每个孩子都想发展自己，使自己变得更强大，想要有所成就。从那次受到鼓励后，孙成更加努力了，虽然动手能力弱，作业做得很慢，但都是保质保量完成。每当他有进步，我就鼓励他。

"孙成昨天的作业花了很多时间去完成，这个态度真值得表扬！"

"你看，孙成同学写字的时候每一笔每一画都很到位，从来不马虎，所以字写得越来越好了！"

"勤能补拙是良训，咱们班里的同学个个都是勤劳的小蜜蜂，你看孙成这只小蜜蜂又取得了进步。"

我对孙成进行"花式鼓励"，夸完态度，夸行动；夸完行动，夸耐性和毅力。这些夸奖不但指引了孩子前进的方向，还给出了前进的目标，提供了方式和方法。这样的鼓励让孙成得到了心灵的滋养，可受到滋养的又何止是他呢？孙成积极学习，克服学习上的困难，老师积极面对问题，鼓励每个人的进步，形成班级良好的氛围，带给每个人正面的情绪体验，让学生在班级里找到安全感，找到内心的快乐，这是无价的。

人人进步，人人被夸。我的"花式鼓励"，让每个学生都能享用到。班级里有同学在某些方面有进步，我都会表扬他。我始终相信成功会引发更多的成功，成功是成功之母。

"多好的孩子啊！每个字都写得那么端正，这个单元考试成绩比上个单元进步了15分，这是她努力的结果。"

"有一份美丽的坚持是：你在努力，我在鼓励。我的孩子，我能读懂你每一次进步背后的付出，1分钟跳绳从15个进步到150个，让我相信'天道酬勤'所言不虚。"

我的朋友圈的大多数内容都是在鼓励学生。班级每个家长看到我发的内容，或是为自己的孩子被称赞而窃喜，或是看到他人小孩被表扬而羡慕，都能从其间获得积极的力量。

"花式鼓励"需用正面的语言传递期望。如"你不要把脚跷到桌上"改成"孩子，你把脚放下就更好了"；"不要抢"改成"大家排好队，一个一个来"；"你怎么把书桌弄得乱七八糟的"改成"把桌面整理一下，就会变得很整洁"……给出正向的指导语言更能达成老师或家长的要求。正面的语言传递的是教师正面的情绪、积极的力量，传递了一份美好。学生被认可和赞美，能产生非常积极的力量。不仅如此，正面语言还能引导学生正向的积极思维，能从糟糕的事情中看到积极的一面，永远怀有对世界的"好感"而前进，培养了他们积极的心态和豁达的品性。

"花式鼓励"也应给出明确的行为指导方法，告诉学生们他们该怎么做。例如，对一年级刚入班学习的学生，就要明确告知早晨刚入教室到晨读未开始这段时间，要做好所有准备工作。可以用简单的口诀"一放杯子，二拿袋子，三准备书，四朗读"来告诉学生们，这样学生们容易记住并且养成习惯。用正面的语言引发出学生更多正面的行为。

"花式鼓励"需要班主任搭建各种各样的平台，让学生有机会展示。篮球比赛中，有他们代表班级领奖的身影；朗诵会上，每个同学参与其中为班级赢得县里一等奖；班级书法比赛上，每个人都将自己的作品进行展览，以"谁有进步"作为评判标准，通过自评＋同桌评＋老师评的方式评出班级书写最佳进步奖，去推动每个学生的内驱力。每次班级的活动过程和颁奖现场，我都会对学生进行"花式鼓励"，鼓励同学们追求更好的行为，追求更好的自己。

很多时候学生本人其实并不清楚努力的方向与方法，这就像我们从无知迈向有知时常会经历困惑一样，此时都需要被帮助。我就是基于这样的认知，及时提供给孙成帮助，让他看到了前进的方向和方法。六年级毕业考试，这一群学生给了我大大的惊喜，100 分的语文试卷，最低分都是 85 分，也就是说没有一个是良，全部优秀。而孙成获得 90 分的高分，他从班级最低分逆袭，不正是证明了正面鼓励的力量吗？我的"花式鼓励"，真的让心灵开了花，学生朝着阳光的方向成长。

在正面鼓励里，能挖掘到积极情绪价值传递的力量。面对学生，当你每天发现他的价值，发现他的成长，并用积极语言给予肯定，他一定会向着预期的目标前进，这也是著名的皮格马利翁效应。积极评价学生，就培养出了自信满满的学生，这样的学生更可能走出一条健康之路来。

42. 积极肢体语言使用：
一个拥抱鼓励一颗受伤的心

"呜呜呜……拼音，我不行的。"

课还未开始，刚踏进教室门口的小雅看到我在检测每个同学的拼读，就开始哭鼻子，转身跑出教室，拽着爸爸的衣角不肯松开，也不肯进教室，一副如临大敌的样子。

"你还没拼读，怎么知道自己就不行了？"跟她说这话的当口，我双手轻抱着她，让她坐到我的腿上，就像抱着我的女儿。

我轻声问她为什么这么害怕，她边说边抹泪："在家里拼读不好，爸爸妈妈都会骂我，有时还会打我。"

"哦，这样啊，那是爸爸妈妈太着急了。拼音不是老虎，老师不是老虎，不用害怕，学习总是从不会到会的。你跟老师再读读，一定会读的。"

在我怀里，小雅止住了哭声，跟着我拼读了几次，然后自己就会拼读了。我看着她说："你看，我说拼音不是老虎，你相信了吧？"小家伙笑了，点了点头。

过了五天再次检查，小家伙居然所有音节都会拼读了，家长说："小雅最近回家后自己主动练习，连坐车时都拼读'汽车'，真是奇怪了！"

要寻找每个行为背后的积极意图，这是正面管教给予教师的智慧。其实小雅害怕的是她想完成父母给予的学习任务却很难完成，所以只要帮助她顺利完成，那么这个看起来不好的行为就消失了。

如果一个行为不当的学生是一个丧失信心的学生，那么鼓励就是处理不良行为的好办法。我在处理过程中，去试着抱一抱小雅，小雅停止了哭泣，说明这个抱一抱的鼓励已经足以中断学生的消极情绪。当学生觉得自己安全之后，我继续营造鼓励氛围，促使她积极参与学习，也说明学生从内心深处愿意接受指正。

苏霍姆林斯基曾有一个贴切的比喻："要像对待荷叶上的露珠一样，小心翼翼地保护孩子幼小的心灵。"的确，未成年孩子的心都是玻璃心，易碎，且会影响一生。我们并不能成为完美老师，经常会用错了教育方法，伤害了学生还未知。但是，请记得给他们拥抱，这是最好的肯定，爱是最大的安全感。有安全感的孩子一生情绪稳定，内心富足，任何风雨都击不倒他。

一个拥抱、一个摸头，真的有那么神奇的作用吗？来自迈阿密大学医学院的蒂芙尼·菲尔德（Tiffany Field）博士说："按摩、拥抱、瑜伽、快走和淋浴时洗皮肤都对你的身体、精神和情感健康有益。"

无独有偶，小冉拼音拼读检测也不过关，主要是这小家伙根本不开金口，我费了九牛二虎之力，人家才动了口，却声若蚊蝇，根本听不清。十分钟时间，我居然只听到一个音节。据家长说孩子从小胆小，也不是一时半会儿就能改变的，我只好作罢。

第二天的一个课间，我走过他的桌旁，听到了他和同桌说笑，那笑声居然那么响亮，让我诧异。我看了看他，被他发现了，他立马低下头。

"这是为什么？难道我又成了老虎？从来没有学生害怕过我啊，这一届的新学生为什么如此生分呢？"我在反思自己。

向班主任老师请教："班级里有几个学生特别内向，该怎么办？"班主任老师说这几个孩子父母不在身边，且都离婚了，孩子跟着爷爷奶奶生活。

拼音过关第二次检测开始，我预留了20分钟时间给小冉。小冉走到我身边，表情凝重，眼神飘移，也不看我，并没有声音。我对他笑了笑，拉起他的手，用纸巾擦掉他嘴角的饭粒，然后看着他，轻声说："小冉哦，老师不是老虎，不会吃人，你不用害怕。你大声拼，读错了，没关系，老师再教你，好吗？"他把头转向我，点了点头。我示意他拼读，声音真的大点了，原来他都会拼，我都听到了。我在他的过关单上打了五颗星，这是最高级别的过关标识，他得到了。

"老师好高兴哦，小冉，你真棒！"我给了他一个大大的拥抱。

我看到他蹦跳着回到自己的座位上，马上双手交叉环抱低下头，又立马抬起头，用眼睛看了看我，那眼神里没有害怕，只有高兴。哦，这个眼神，我一辈子都不会忘记。

放学的路上，遇到小冉的爷爷，他说："小冉心思重，因为他爸爸妈妈离婚了。"我真想跟这位爷爷解释：不要当着孩子的面去说这件事，这对孩子是更大的伤害。消极情绪是会传染的，爷爷觉得小冉可怜，这么小的孩子很容易受到长辈的情感控制，也容易被暗示"我真的很可怜"，然后孩子会觉得自己更加可怜。

其实应该正确认识父母离婚这件事，它并不是灾难。我摸摸小冉的头说："爸爸妈妈虽然离婚了，但对你的爱不变，也不妨碍小冉你成为优秀的小孩。你会成为你自己，你一定会开心地学习，快乐地成长。"我用正面情绪引导了小冉，看到小冉也默默地点头。在我的拥抱下，我又迎来了一个开朗的孩子。

拥抱能使人的神经系统松弛下来。手臂环绕（甚至用手触摸）会向大脑发送信号，让大脑释放压力。蒂芙尼·菲尔德说："随着皮肤的移动，压力感受器的刺激会增加迷走神经的活动，最终放松你的神经系统。"

身体的接触还能提高人的免疫力，使人全身分泌快乐的荷尔蒙，这是因为触觉的生化作用还包括血清素（人体的天然抗抑郁剂和止痛神经递质）和催产素的增加。

作为老师，我们有一个非常"便利"的条件，那就是学生具有向师性。大多数的学生会喜欢自己的老师，作为学生们悦纳的人用肢体靠近他们时，他们一般是不排斥的。所以，适当地用拥抱、搂肩等亲密动作去鼓励学生，与学生建立更为亲密的关系，更能推动学生修正自己的不良行为。

于是，我还拥抱了小怡，这个内向的小怡笑了，拼读进步了，不会的题目还会主动问我了。

是的，我还拥抱了洋，洋拥抱了泽，泽拥抱了翼，翼拥抱了涵……

是的，我只是拥抱。

肢体的接触代表了内心的悦纳，两颗心灵在互相靠近。

43. 深度情感连接：
读画就是读心

　　小学五年级插班女生小陈，上课不认真听讲，经常和同学发生矛盾，一旦矛盾发生就会歇斯底里，还在黑板上画些很恐怖的东西，她的作业本、书上到处都有她的画作。后来在班主任的建议下，小陈父母将孩子带到医院精神科做检查，结果孩子真的存在问题。

　　男生天天从小学二年级开始就喜欢上课的时候画一些与课堂无关的东西，就连美术课上也只画自己想象的东西。直到初三，家长才发现天天心里出了问题。他得了双相情感障碍，进入了治疗期。

　　以上两个案例都是真实的，它们有各自的家庭原因及特点，但也有一个共同点——行为不在"常轨"的孩子通过画作去表达内心。

　　学龄前的孩子，会因为口头能力发展不到位，不能更好地表达内心，于是常常借助画画表达内在情感和思想；小学及以上学段的孩子，因为自身性格等各种原因，内心世界得不到宣泄，画画也会成为他们抒泄情绪的工具。言语表达不了的地方，画画可以，"一幅画顶得上千言万语"。假如，小陈和天天的父母或老师懂得一些心理学知识，发现孩子行为异常，及早进行指导和治疗，那肯定更有利于孩子的恢复。

　　画画是一种表达方式，这与向人倾诉、书写文章等表达方式一样，只不过很多人对这种方式的认识不到位。透过画作去探索孩子的内心世界不是我凭空想象的，而是心理学家倡导的。京都大学名誉教授、日本游戏疗法学会会长山中康裕认为，绘画疗法可以使一些难以用语言表达的意象、情感、梦和潜意识等表达出来，可以使自我表达变得比较容易，使认识、思考、感觉等自如地进行，有利于自我洞察和自我整合。

利用颜色，可以判断出学生们当下的情绪。

我时常在班级心理学课上让同学们画情绪画，让学生通过使用不同的色彩来表达情绪。首先让学生静下来，认真聆听自己的内心，感受自己到底是怎样的心情；然后引导学生将心情和颜色进行配对，指导他们：如果你的心情像阳光一样明媚，那么请使用金灿灿的黄色来表达你的灿烂；如果你的心情是非常忧郁的，请使用灰色来表达你沉到谷底的郁闷……

学生利用颜色随意作画之后，我让学生再静下来想一想：我在画画的时候，内心最烦恼的是什么，我想发泄的是哪些不快，发泄完了吗？如果还没有发泄完，请继续作画，或者把画里要表达的配上文字"说出来"，将多种表达方式结合起来。

对于学生们交上来的作品，除了颜色，我还对线条进行深入分析、判断，必要时跟他们做个别交流。韩国美术治疗专家金善贤教授曾在《读懂孩子的心理画——走进孩子内心的绘画育儿法》中写道：假若孩子画作中的线条模糊、细到看不清，那么他可能缺乏安全感、胆小、自我压抑；假若画作线条过于强劲、甚至把纸戳破，那么他可能具有攻击性，需要发泄愤怒；假若画作线条断断续续总是改变方向，那么他现阶段可能非常犹豫、焦虑，想要隐藏自我。要切记一点的是自闭症儿童很喜欢画重复的东西，比如不断的圆或迷宫。

通过交谈，让学生用自己喜欢的方式说一说自己的烦恼。成长中的学生所遇到的大部分问题都是小事，如果能够得到老师的关心和帮助，大多数能够解决，心情也会变好。

有时候，需要了解学生与家庭成员之间的关系，那么我就会在课堂上让学生画一画人物，不同的内容代表了学生不同的心理。学生经常画的那个人，在心目中往往有很重要的位置，那是在对他表达强烈的爱和依恋。学生为人物画的细节（帽子、腰带、头饰、鞋子等）越多，表明对那个人的关注程度越高，感情越强烈。

如果作品中人物的手臂向上举着，表示学生快活、得意，对自己的现状感到满足。手代表对环境的支配，伸得越开支配欲越强。将手臂部分画得比较大的，一般属于好打架、占有欲强的学生。把手臂画得垂下、贴近身体的一般是比较温顺的学生，另外也有可能是受欺负、胆小畏缩的学生，他们经常有挫败感，需要引起注意。

学生不画耳朵，表示可能有逆反心理，不喜欢听家长啰唆。经常会在画中画出夸张的牙齿，说明有情绪、攻击性。其实能从画中人物的眼神感受到学生此刻的情绪，当他内心平静，画中人物的眼神也是平静的，当他内心狂躁，画中的人物眼神也随之变化。

作品中的屋子、太阳、树都隐含着学生的心理。学生们画出的是有光芒的太阳，说明他心情灿烂。把太阳拟人化，画出眼睛、眉毛、嘴巴，表示他智力很高，具有同情心。不过受到童话故事书的影响，也会画出这种拟人化太阳。黑色的太阳，则可能表示学生对目前的生活非常不满。

像城堡一样的房子，代表了自我保护意识。如果房子外观丑陋、面目可憎，学生可能把家看作束缚自由的牢笼。如果房子没有门窗或用栅栏与外界隔开，则是学生受挫的表现。房子特别强调地面，表示缺乏安全感。瓦片画得很仔细，表示追求细节和完美。把楼梯画得又长又大，表示不想回家，亲子关系有待改善。在屋顶上画烟囱，表示希望获得关心，向上的直烟暗示需要出气筒。

我手画我心，画是学生心灵的表达。一幅画的每个细节都是有特定含义的，是内心的投射。几条细线、几种颜色、几朵小花、几个笑脸都不是简单的组合，线条、色彩、布局、图形、比例，看似信手涂鸦，其实暗藏玄机，学生内心的心理变化、兴趣爱好等都尽在其中。教师利用画作去探寻学生内心，读懂学生，才能与之建立深度情感连接，形成师生共同的生活密码。

读懂学生才是真正教育的开始。而读懂学生的路，本身不简单，且行且思且总结。

44. 消极关系破冰：
做青春期的"青春"解语花

我的学生萧萧虽然在学科成绩上并不突出，但在运动上极具天赋，每年学校运动会，他都能为班级争光，有时候还打破学校记录。

他一直比较乖巧，但从六年级上学期开始，我觉得他变了。班级开零食会，全班同学都吃得欢的披萨，就他一个人不吃。下课后，了解情况才知道他不吃水果口味的披萨，只吃牛肉口味的，当时牛肉口味已经分完了。我跟他说："下次如果出现同样的事情，你要提前说，老师多买些牛肉味的不就好了吗？要学会和人沟通，把心里的想法告诉别人，要不然别人怎么会知道呢？难道我是你肚子里的蛔虫吗？"说完，他扑哧一声笑了。放学后，我拿了自己牛肉味的薯片给他，他眼眶红红的，但收下了。

转眼到了六年级下学期，毕业篮球赛快到了，班级里组织训练，萧萧是主力。天气有点热，我叫他只穿篮球服，把里面的短袖脱掉。可是无论我说多少遍，他就当没听到。一场打下来，他汗流浃背，脸红红的，我都担心他中暑，还是好心地劝他脱掉，可是他仍像没听到一样。这是什么情况啊？我有点着急，后来没办法了，就随他去了。后来问了其他男生为什么萧萧不脱短袖？大家都不太了解，只有小吴偷偷告诉我："老师，他不想脱太多啊，操场上有那么多女生在场呢！"瞬间，我明白了，这是青春期的典型表现啊！连同之前的不吃披萨，都是自尊、极好面子等青春期特征惹的祸。

上文讲述了一个临近小学毕业的男生有些叛逆的故事。如何了解这个时期男生的心理，是令很多老师、家长头疼的事。以前人们都说婴幼儿期比较关键，我不否认这样的说法，但青春期是人生未来的转折点。美国心理学家劳伦斯·斯坦伯格（Laurence Steinberg）将这个阶段称为大脑发育的"第二个关键窗口"，可见其重要性。

很多时候，大人并不懂孩子，不明白他们行为背后的原因。

很多孩子个性过于叛逆，父母、老师不能用合理有效的方法与之沟通，导致孩子误入歧途。

适时退让，体现出成年人对孩子教育过程中分寸的把握。很多时候，成年人都喜欢用过来人的经验和口吻去教训孩子，青春期的孩子，尤其是男孩子，人高马大，特别需要面子，他们不接受这样的教育方式，甚至会产生逆反心理。

他们大多不认可外加的说教，往往喜欢自己亲身经历，孩子常常这样跟老师和家长说："你以为这样做能让我们少走弯路，可是你不知道，该经历的坑，我们还是得经历，这是我们自己的人生。"

不管是老师还是父母，对孩子来说，都是他们学习成长的对象，他们也会有疑问："我为什么就是错的？难道老师没有错？"

老师不能用控制和命令的方式来对待这个时期的学生，要学会反思："我是不是没有站在学生的立场去思考问题？学生长大了，我是不是该改变与他们沟通和交流的方法？"

必要的时候，向学生道歉，学生不会因为老师向自己道歉而看不起老师，反而觉得老师是个非常理性的人，值得尊重。做成长型的教师非常重要，如果我们总是把问题归结于别人身上，那就是"他人即地狱"，如果我们能常常找到自己的不足，并及时改正，会发现成长的空间是无限的。

平等对待学生，做事有商有量，青春期的学生是接受的。"这个事情，你觉得该怎么办？""明天，大家想去杭州旅游，你能一起去吗？"商量的口吻，期待的语气，孩子是能够接受的。大人们也要做好心理准备，他们也可能拒绝你的邀请。所以，让他们来选择时间、活动内容等，有时能够达到你的预期。

"虽然我还没有成年，但我也有自己的想法，我就是要按照自己的想法来。"老师要得体让位，不要俯视学生，而应平视，以平等的开放姿态接受每个学生的成长和改变。老师只是学生一段人生旅程的陪伴者，尽到适时提点、合宜引导的职责即可。

平和表达的前提是内在情绪的稳定，青春期的学生情绪不稳定，需要老师去给他们托底，提供稳定的后方支持。站在学生这边，和学生一同打败他们青春期面临的各种困惑：对性别的困惑，对死亡的困惑，对身份的困惑……

尊重学生的选择，他们长大了，大人们也应该放手。这两代人生活在不同的时代背景下，对世界的认知是不同的，选择的生活方式也是不同的。有时候，大人们最好以旁观者的角度看待孩子成长过程中发生的种种问题，不要越俎代庖，毕竟人生是他们自己的人生，谁也没办法替代或者包办，他们必须自己经历。

花季、雨季充满了青春期的惆怅，此时的学生是多么的无助和迷茫，他们需要帮助。

适时地给出一些看似不经意的帮助，学生会很容易被引导。在班级里放置一些适合的书籍，如《读者》《意林》《少年》等杂志让学生们自由阅读，他们会觉得自己和世界很接近，更易找到安放心灵的港湾，不再四处流浪；还有放置《青春期男孩的秘密书》《妈妈送给青春期女儿的枕边书》等书，让他们找到解释自己的知识，告诉他们该怎么做，学生就不再害怕身体的巨变。

开展班会课、心理课，让学生学会认识自己的情绪、认识自己的内心。比如说开展主题为"认识自我"之类的班会，让学生们了解自己。有些话老师自己不方便说，可以请求外援，线上连线心理学专家，让学生们从他们的讲座中得到启发。班级里可以设置悄悄话信箱，让学生们把自己的困惑、迷茫、不开心的事情都写成文字，让班级结对的心理学专家或老师帮忙指引方向，让青春期不再迷茫。

还可以让学生们观看适合青春期孩子的电影，比如《重返十七岁》《在世界中心呼唤爱》等，这些影片都还不错。

设置情绪发泄区，让学生们可以释放自己被压抑的情绪。我在班级走廊上放了一顶帐篷，课间的时候，学生们可以到里面坐一坐、躺一躺。在这个自由的空间里，还放了一些青春期孩子喜欢的玩具，当学生们特别困难、情绪低落的时候，可以抱抱那些毛茸茸的玩偶，这可以让他们找到温暖和理解。当学生们压力特别大的时候，可以动手玩玩具，释放压力。学生们特别喜欢这个地方，一下课就排队轮流玩。

这个时期的孩子有自己的偏见和固执，教师和家长如果没有给予合宜的引导，他们很容易陷入有限而错误的认知。所以，推荐一些好的资源给他们，让这些资源去引导和开解他们。比如，可以在学习强国看"青春期"，可以在喜马拉雅听"青春期"，也可以在微信读书读"青春期"。

孩子们需要去认识自己，他们缺乏知识，却又不愿意跟家长和老师讨论，那么这些资源就可以帮到他们。

45. 积极关系维护：
呵护孩子的"面子"

    每个学期的期中和期末，是班级兑换积分的时候，我都会上网买来许多奖品，主要是学生特别喜爱的文具、零食、玩具等，标以所需积分数量，加以归类分区排列，教室就成了快乐的交易场。

    本学期期末兑换时间刚好在下课铃声响起时结束了，同学们和往常一样纷纷离开座位，嘴馋而又拿到零食的学生，此时迫不及待地打开来吃。棒棒糖甜滋滋的味道随风飘散，爆米花扑鼻的香味勾引着同学们，可爱的小四轮驱动车在书桌上驰骋着，同学们你看我吃，我看你吃，你看我玩，我看你玩，那场景别提多热闹了。

    但是，并不是每一个学生都能兑换到自己满意的礼物，并不是每一个人都有足够好的表现赢得不错的积分，总有几个学生会失落。

    "老师，那支圆珠笔真漂亮，我没有足够的积分兑换。"贺新一脸难过地跟我说。

    "那你接下来上课认真听讲，不随便离开座位，就能得到啊！"失落总是难免的，谁叫他课堂表现不好呢？我也只能叮嘱他继续努力。往常在积分兑换后的这段时间里，我会特别关注这类学生，给他们创造更多的平台，时刻提供给他们赢得积分的契机。

贺新接下来没有说话，我也离开讲台，到窗台旁整理了一下书柜。等我一转身，却发现贺新拿起了我放在讲台桌上的那支圆珠笔并塞到了自己的铅笔盒里，于是我当场制止。

"贺新，你怎么可以随便拿别人的东西呢？老师说过了，这奖品需要你用好表现来换的。"我怕太多同学知道这件事，产生破窗效应，会效仿这样的行为，也为了维护贺新的面子，给他台阶下，压低了声批评。因为教育家赫伯特·斯宾塞（Herbert Spencer）说过："当孩子感到被爱、被信任，奇迹不久就会出现在您的面前。"

他低着头，不情愿地把笔放回盒子里去，然后悻悻地跑开了。

考虑到我刚接班，对学生了解并不透彻，也不想因为一件事就对贺新的品质产生怀疑。于是，我端上奖品盒，去找本班原来的班主任柯老师了解更全面的情况。柯老师说，贺新平常的行为习惯是不太好，但这样随便拿别人东西的行为倒没怎么发现。

一个星期后，期中考试的前一天，为了鼓励学生们认真复习，我特地带些奖品到班级奖励学生。一颗糖、一块橡皮擦，就又俘获了他们的心。

我本来想给贺新也发一颗糖的，因为他最近做作业认真些了，可是当我正要发给他时，同桌站起来告状："老师，贺新上课老用手戳我肚子，他不应该获得奖励。"

"是啊，他也转过身来打我的头。我们上课都被他干扰了。"后面的同学也纷纷抗议道。

面对同学们的抗议，我还是面不改色地说："贺新，老师把这颗糖奖励给你，是表扬你作业认真。"说完，我递过去一颗奶糖，他用手接住了，眼睛里闪着光。

然后，我又语重心长地说："可是，你上课不认真，还不讲礼貌，那这颗奖给你的糖要没收，作为惩罚，你觉得可以吗？"

他没有沮丧，拼命点点头，表示认同。

"林老师，您是最公正的老师！"其他学生纷纷鼓掌，表示赞同这样的行为。

课间，奖品仍旧摆放在讲台上，我往教室后黑板走去。我时不时装作不经意地看向讲台，贺新一直坐在座位上，那双手没有伸向奖品盒。

两个星期，三个星期，四个星期……

两个半月后的一天，我在分析期末试卷，还得不断提醒孩子们认真听讲，我很口渴，下课铃声又一次响彻校园，我立马跑到办公室坐下。刚喝了一口水，贺新送来了我忘在讲台桌上的奖品盒，我本能地看了一下，里面的东西一个也没少。

贺新刚想转身离开，我立马拉住他，说："贺新，你上次没有经过老师的同意拿了老师的奖品，而今天能够自己亲手送来，并且里面的东西一件都没少，说明你进步了！"

"老师想奖励你这样的好表现，你看，你是想老师奖你之前喜欢的笔，还是今天的糖呢？"

"老师，那我就拿颗糖吧，那支笔，等我用更好的表现来换吧！"

贺新把糖塞到嘴里，直喊："老师，好甜好甜！"他笑起来，连眼睛都是弯的。

那支笔，我放在奖品盒里，等待着它的主人将它领走，一天、两天……

这个故事深刻地告诉我们：教育是一朵云推动另一朵云，一颗心唤醒另一颗心。成长中的孩子总是会遇到成长的烦恼，有些是他们自知的，有些是他们无法觉察的，还有些是环境造成的。一时起念的行为只能说明孩子们的自律能力还没发育好，他们需要被督促和引领。

如果我没有充分认识到这一点，当众批评贺新，再给贺新扣上一顶"随意拿别人东西"的帽子，那么贺新这个无心之举就可能被负面强化，存入潜意识，他也认为自己是个这样的人。那么，从此被贴上这样标签的贺新，可能会经常随意拿别人的东西，甚至会成为小偷……

此处所采用的教育方式的智慧之处在于：没有当众批评学生，而是私下交流。很多时候，我们因为情绪的原因，或是时间的原因，对于批评总是很草率和随意，其实这样很容易伤害学生。万一我们批评错了，那不是更大的伤害吗？教育无小事，事事关乎成长。

给予了学生纠正错误的机会。谁能无过？每个人的一生总是会做错一些事情，何况是成长中的学生。

抓住学生的闪光点，及时进行正向引导。很多学生不是不愿意改变，而是不知道怎样改变。他们对自己的行为缺乏全面的认知，如果父母没有教育到位，或者父母本身行为有问题，学生就模仿父母的行为模式去为人处世。所以需要一个清醒的教育者告诉他，什么事是可以做的，什么事是不可以做的，有了一个明确的概念认知之后，他会逐渐规范自己的行为。

不随意贴标签，始终注意保护学生的自尊心，呵护他们的面子，其实就是保护他们的"里子"，让他们在自己的节奏中成长，这才是真正的成长。面子是一个人上进的"保护膜"，爱面子的学生才能把教师的要求内化为对自己的要求，才可能实现由他律向自律的转变。面子的窗户纸一旦捅破，就很难恢复。

对学生每个成长瞬间的进步，及时抓住，及时肯定，这恰恰是老师应该做的。这就是积极师生关系持久维护的秘籍。

46. 识别学生内心需求：
你的关注是我成长的养料

隔壁班的班主任总向我诉苦："林老师，我班的明明同学上课总是说话，怎么讲都不听！"

"是啊是啊，每节课都这样，数学课上有时候还和同桌打来打去。人倒是挺聪明的，但是行为习惯实在让人担心，还影响整个班级的学习氛围。"

其实这样的烦恼，每个班主任都遇到过，而我的处理方法藏在这个故事里："小小书法家"是我和其他老师一起开设的社团课，主要是教学生练写硬笔书法。每天我们都要到别的班级上社团课，所以方便与别班的学生认识来往。

第一节课，大部分学生都挺遵守纪律的，但（7）班一对同桌引起了我的注意，他们两个人一直开心地聊着天，几经提醒，还是没有效果。当时我觉得可能是由于第一次到新教室上新课，学生们特别新奇，所以就没有跟班主任联系。

然而第二节课，这对同桌听课纪律非但没有变好，而且愈演愈烈，从窃窃私语变成了放声大笑。我就跟他们的班主任联系，了解情况。原来同桌中的男生小阳父母离异，爸爸妈妈都再婚了，从小是跟着奶奶长大的。在家里，不听奶奶教育，奶奶拿他一点办法都没有。来学校也是这样，上小学一年半的时间，每天在课堂上跟同桌"开小会"，起初班主任老师觉得可能是同桌不守课堂规则，就给小阳换了同桌。结果一连换了四位同桌，小阳都没有停止上课跟同桌"聊天"的行为。班主任也跟我诉苦："林老师，我不知道该怎么办，他每节课都这样。"

既然与同桌坐一起就会说"悄悄话"，那么干脆一个人一桌，反正这个班级人数少，一人一桌位置也有余。刚确定了位置，上了一次课，小阳还挺安静的。第二次上课，小阳哭着闹着非要有同桌，还要坚持跟大壮同桌。然后两个人玩着橡皮、聊着天，玩得忘乎所以的时候，小阳还把橡皮往别桌扔，砸到了别桌同学。

这可不能再"忍"下去了，我开始批评："小阳，老师给了你很多次机会了，这次在课堂上，你觉得自己做得对吗？"小阳低着头不说话。

"现在请你回到原来的座位去，好好练字，把字写端正了，老师会给你批改，参加本节课'小小书法家'评选。"

听我这样说，小阳一人一桌，认真写起字来。

20分钟过去了，小阳排着队把书法作业交给我批改，我一个字一个字跟他说着书写要点，他听得很认真。按照小阳实际书写情况来看，他是得不了星的，但是他认认真真地写完了一整页纸，我转念一想，这样表扬他："小阳，虽然你写得不是特别好看，但很努力地完成了所有作业，态度很值得肯定，老师给你评两颗星……"

我话还没有说完，就看到了小阳眼眶里的泪花，他使劲地点着头，那认真的模样，让人很动容。

我接着说："你把这撇和捺好好练练，肯定能把这字写得很好看！你可以练练吗？"

小阳的头点得更快了，等我说完，他开心地回到一个人的座位上认真地再次练习起来。

后来，课堂上，我经常站在小阳的背后或者他的桌旁，轻声教他，单独和他交流，他参与学习的积极性更高了，课堂上不守规则的行为越来越少了。

"林老师，我这样写可以吗？"

"林老师，您觉得我还可以怎么写好这个字？"

小阳的字越写越端正，每一撇、每一捺他都认认真真练写，而且每次都希望和我分享自己的成长。

一个学期过去了，社团班级进行"小小书法家"评选，小阳在全班同学的投票下获得了"最努力之星"。

校长给小阳颁发奖杯时，亮闪闪的阳光下，我看到了他灿烂的笑容。

小阳的班主任问我："林老师，小阳为什么会变化这么大？您有秘诀教教我吗？"

"我看见一个人在成长。"小阳缺少他在意的人给予关注他成长的目光，而我只不过是在经过时，向他投射了理解、肯定和欣赏的目光，所以这棵树长高了。

第五章

助推学生心灵成长

47. 从自卑走向自信：
无条件地支持与信任

这个故事开始于一段师生之间的对话：

"老师，为什么我这段时间考试都没考好？"

"那是因为大家都在拼命学习，大家都很优秀。"

"我觉得自己很失败。"

"不要灰心，每个人的成长都要经历挫折。"

"那为什么我的挫折来得那么早？"

上面的对话告诉我们：自卑不是与生俱来的，襁褓里的孩子是不会有自卑情绪的，自卑一定是因为后天的某些事情、某些人、某些不公待遇而造成的，它是习得性的内心体验。与孩子相处过程中不当的言行，孩子经历一次意外的失败，被人歧视等，都会刺伤孩子的内心，让孩子变得敏感，不再相信自己。

弗洛伊德认为，童年的经历虽然会随着时光的流逝而被淡忘，甚至消失于意识层中，却会在潜意识中被保留下来，对人的一生产生恒久的影响。因此，童年时期产生的自卑感通常会伴随人的一生。

但是，正如对话中老师所说的那样：每个人都会在自己的成长过程中经历挫折，那么我们如何不让学生被挫折打倒，变得自卑？这需要教育的艺术，让学生从自卑的迷雾中走出，迎接成长的自信，快乐地走向未来。

对于一个孩子而言，家庭教育是第一位的，当发现孩子有不自信倾向的时候，老师要及时跟家长联系，观察和记录孩子父母平日的教育方式，及时给予帮助和引导。在学校里，老师要成为学生在教室里的家人，给他无条件的支持，适时为学生撑腰。

只有父母和老师做到无条件地相信学生，学生的内心才会获得满满的成长力量。很多同学的挫折源自成绩的不理想，那就帮助他分析原因，找出解决的方法，做他精神的支持者。在自己不能进行学科辅导之时，可以找科任老师帮忙，让学生渐渐走出困境，重获学科信心。

有些孩子的自卑是源于外貌，比如身高、长相等，这些很容易造成孩子的心理问题，尤其是在孩子成长发育迅速的中小学阶段。家长首先要接受孩子的外在特征，悦纳孩子不尽如人意的地方，也尽量不要在与孩子的交流中涉及这方面的内容，以防起到负面强化的效果。还应树立正确的观念，让孩子接受自己的外貌，认识到无论高矮胖瘦，都有自己独特的一面，都能为社会贡献价值。每个人的遗传基因不同，成长过程不同，形成不同的外貌特征，这是正常现象。

有些外貌不够完美的地方，可以通过外在力量改变的，那么就陪伴孩子去改变。比如过于肥胖并不健康，通过控制饮食、增加锻炼，经过一段时间之后，肥胖问题会得以改善，孩子也会重新树立信心。改变能改变的，那些不能改变的，就改变观念和心态。要让孩子转移注意力，不要总纠结自己不如他人的地方，而应注重自己长处的发挥，注重内涵修炼，注重价值体现，让他们发现自身独特的美，尤其是在孩子小的时候。

部分学生会出现单科成绩特别差的情况，班主任要进行仔细观察，与科任老师沟通一下，然后和学生也沟通一下。当发现学生对这个老师有意见时，要追问为什么？师生关系的不融洽，可能会导致学生成绩下降。学生对这门学科有恐惧心理，畏难情绪特别严重，那么就需要专业心理人士的介入，缓解学生的心理问题。

通过适当的方法培养自信是必要的。很多学生缺少成功的体验，内心自信积淀的太少，所以需要创造各种各样的活动，让学生在潜移默化中获得自信。而自信的心理不是一次成功就能够形成，它需要反复多次的确认，需要循序渐进的过程。比如，一个爱唱歌的学生，我们如何让他从歌唱中获得自信？先让学生在家里唱歌给父母听，然后在小伙伴面前演唱，接着在班级中献唱一曲，最后到学校参加演出，甚至比赛。经历这样的过程，学生就会慢慢认可自己的歌唱能力，从而获得自信。

改变对待问题的思维，就能找到帮助学生树立自信的方法。我们总用表扬肯定成功，用批评或厌恶去对待失败，其实这属于处理问题的极端态度，这种思维是落后的。我们是不是可以采用更好的思维方式去改变我们的行为，以产生更好的结果呢？比如，玩游戏时用奖励输方的方法，去淡化学生对失败的不良印象，也淡化输赢，淡化对结果的追逐，让学生体会过程的美好，享受过程。但这要把握合理的度，改变原有认知即可，不能最终让学生形成我不争取成功、只要失败的错误认知。

树立学生正确的人生观其实是非常重要的。在很多人的认知里，只有成功才是好的，失败就是不好的。但是，失败有时能够促进人的成长。用更宽广的胸怀看待人的这一生，会发现成功也好，失败也罢，不过是生命的一种体验。如果生命里只出现成功，没有失败，那也索然无味。

要用辩证的眼光看待事物，看似无价值的，其实可能是具有深远意义的。如果不经历失败、挫折，如何从中吸取教训，获得成长经验？当一件不好的事情发生的时候，请看到它积极的那一面，那么你处理这个问题的态度和思维就会发生改变，采取的方式和方法就不同，最终结果就不一样，或许就会有惊喜等待着你。"失之东隅，收之桑榆""塞翁失马焉知非福"，古语早就教会我们面对挫折的方法了。

心理学家艾瑞克·弗洛姆（Erich Fromm）说过："人不但有向善、向爱、向生的本能，也有向下、向死的本能。"所以，我们要经常帮助学生掸去心里的灰，使其不会沉浸在消极的情绪中，能快速地回到良好的身心状态。每个人都有自己的长处和短处，如何正确对待它们才是关键。坦然面对，乐观接受，做一个快乐自信的人，这非常重要。

48. 挖掉"情绪地雷"：
从溯源、觉察、反驳、聚焦到释怀

一节美术课上，陈诚着急去画画，忘了穿围裙。画着画着，白色的新外套被颜料滴成了"彩装"，东一团红，西一团绿。陈诚画完之后，一看就急了，"完蛋了，我把新衣服弄脏了，妈妈又会骂我了"。说着说着，陈诚在教室里哭了起来。美术老师看见了，立马安慰她，但效果不明显。于是跟家长联系，解释了这件事。

"妈妈，我是不小心把新衣服弄脏的。我下次不会这样了，对不起。"

"那你以后都不要给我买新衣服了吧，我就穿旧衣服好了。"

"呜呜呜……"陈诚一直跟妈妈道歉，心里一直很难过。

后来，妈妈又给她买了新衣服，她每次在穿新衣服之前都很担心弄脏，结果还是会弄脏，以至于有段时间，她抗拒穿新衣服了。

为什么陈诚会在美术课上情绪这么激动？那是因为她妈妈在她把衣服弄脏的时候多次狠狠批评过她，让她对把衣服弄脏这件事有了可怕的感受，后来只要一穿新衣服，陈诚就格外紧张，越紧张越是容易出错，衣服又会弄脏，于是穿新衣服就成了陈诚的"情绪地雷"。

这样的经历成了陈诚小时候的噩梦，直到美术课上陈诚的情绪失控，家长才意识到自己做错了。后来，还是发生了新衣服第一次穿就弄脏了的事情，但家长的做法发生了改变。

陈诚很难过地说："妈妈，我又把衣服弄脏了。"

妈妈无所谓地说："没事，脏了就洗洗，哪件衣服不会脏呢？"说完，和孩子一起把衣服脏的地方洗干净。

"你那么紧张衣服变脏，是不是之前妈妈因为这件事说过你，你心里很害怕呀？"

"是的，我觉得自己很笨。"

"对不起，妈妈可能当时心里很烦，并不是因为这件事发火。以后，妈妈不会再说你了，你可能因为之前的事，有了心理阴影。以后弄脏了，我们想办法把它洗干净就行了啊！"

多么幸运，这位家长意识到了问题的关键，对造成孩子情绪问题的场景进行了回放，解释了孩子情绪产生的原因，也让孩子觉察到自己当时的情绪失控，并且对如何处理问题进行引导。

从那以后，陈诚不再为衣服弄脏的事而情绪大爆发，她学会了如何处理这件事。

当学生情绪来临时，老师和父母首先要做的是稳定孩子的情绪，然后再分析处理。等学生稍微冷静下来，我们可以让学生用自己的话把心中的情绪说出来。如果孩子不能清晰表述，家长或老师可以引导："你刚才怎么了？""你是不是特别难过？"

用引导性的语言，让学生把自己内心的情绪说出来，那么学生就会使用自己理性的左脑去思考，大脑开始关注语言的运用，于是他的注意力被转移，原先的情绪得以平复。

解决了"是什么"的问题，这里开始拆除"情绪地雷"的第一步：我们还要去察觉到底是谁制造了"情绪地雷"？我们要追问"为什么"，探索学生产生情绪的原因。

"你刚才为什么那么难过，发生了什么？"启发式的提问，回顾之前发生的事情，引导学生溯源情绪，什么样的情境触发了他的软肋，让他从后知后觉变为察觉当下。无论学生说了什么，家长或老师都不要加以批判，所有情绪产生都有它合理的原因，这是尊重个体的表现。只要表示理解，认同他们所有的感受，那么这种情绪会消失得很快。

接下来，教会学生学会从现实、逻辑和实用三个维度反驳固有信念，拆除"情绪地雷"。我们要引导学生："下次再遇见相同情境的时候，妈妈真的还会批评你吗？""这件事情不是你的错。"重新用暂时性的、特殊的、非个人化的归因风格看待同一件事情，消除非理性的信念，建立合理的反驳逻辑。而后再问问学生："你坚持弄脏新衣服妈妈会批评你的想法，对自己的生活有帮助吗？"

再接下来，通过正念去让我们关注当下，聚焦目标。学生之前不知不觉踩到了"情绪地雷"直接大爆发，无法控制自己的消极情绪。当他觉察自己踩到"地雷"后，会下意识地被吓得马上撒腿就跑，但是一抬起脚，同样会被"炸飞"。而踩到情绪地雷和爆发情绪之间，其实是可以用集中注意力的方法来改变的，这个方法就是正念。教学生在情绪来临的时候，把注意力集中到另一件事情上，比如摸摸耳朵；这个过程中，他可能还会分神，那就教会他继续关注另一件事。

奥地利著名心理学家维克多·弗兰克曾经说过这样一句话："在刺激和反应之间，有一个空间。在那个空间中，我们有力量选择自己的反应。我们的反应展现了我们的成长和自由！"如何让这个空间越来越大呢？

说一说。很多成年人也是一样，内心有什么牢骚，总是要找个比较要好的人来说一说，然后才能让情绪化解掉。学生自然也需要用倾诉去表达内心的情绪，内心的想法全部说出来，心里才畅快。否则一直憋在心里，容易产生心理问题。

画一画。小学生通常喜欢画画，有事没事的时候，总想涂抹几下。那么当他们烦心的时候，也让他们画一画，在绘画过程中，他们会将自己的感受付诸作品，然后情绪随之调整。其实懂得心理学的成人只要看看画作，就能读懂他们内心的情绪。

写一写。有些学生有不良情绪的时候，可能不肯开口说，也可能没办法说清楚，于是可以让他们写一写。日记、小短文等，都是学生表达内心的书写形式。任何书面的表达都需要理性的思考过程，当学生在用文字表达内心的时候，也是自己与自己对话的过程，他们可能会从中得到新的认识和启发，从而改变自己的情绪，提升自己的认知。

动一动。当学生有情绪的时候，让他暂时离开这个空间，换个地方，学生的情绪会随着环境的变化而变化。还有很多人当内心有无法排遣的情绪时，会去狂跑一阵，然后心情会好很多。其实很多情绪可以通过运动的方式得以疏解。不仅是情绪来临时，平常生活中，也应该多运动，保持身心健康。

唱一唱。音乐可以疗愈心灵，歌声可以放松心情。儿童歌曲轻快的节奏、优美的旋律，能让人精神焕发，稳定情绪。学生在唱歌、听歌的过程中，能扩大自己的感受、体验领域，自己的思维结构也得以提高，那些不良的体验会因此消失。打开胸腔，敞开歌喉，高歌一曲，是一个人情绪良好的表现，当一个人能开口唱一唱的时候，心情就能逐渐变好。

利用各种方式让学生感受到外界的美好，关注到自己的优势，这能调节学生的能量场，让他更愿意开放自己，也会看到越来越多的好事。他们的生活一定会因为积极情绪的累加，产生巨大的变化，那么"情绪地雷"也就不见了。

49. 拖延行为破解：
拖一拖，不会熄火

"我班有个孩子总是拖拖拉拉，作业总是拖着不及时上交。"

"那个小孩吃饭总是最后一个，让我等得不耐烦了，才把饭吃完。"

"老师，我家小孩每次出家门之前，总是拖拖拉拉的，不知道该怎么办？"

拖延是一种包含认知、情感、行为成分的复杂现象。学生总是拖延，老师该如何应对？有的是学习拖延，有的是生活行为拖拉。不同的拖延行为有不同的成因。

要解决学习拖延这个问题，先要调查造成拖延的因素有哪些。

外部环境复杂，是造成拖延的因素之一。很多班级规章制度不明确，或者没有规章制度，导致学生可以任意拖延。拖延过后没有任何惩罚行为，进步也没有奖励机制，学生整个行为习惯是随意的，没有规范可言。

班级风气很重要，学生们常是跟风行动的。今天有人不及时上交作业了，发现老师没反应，那么明天我也不及时上交作业，甚至不做作业，这样不是更轻松吗？当学生出现这样的行为时，班级老师和学校没有开展相关的心理指导，久而久之，这样的行为就越来越多。

面对此类问题，老师有知识和能力储备不足、教育教学方法不够生动的情况，学生在与教师相处过程中得不到关注和指导，导致师生关系不良。也有些教师布置作业不够科学，量大难度高，占用学生太多的课余时间，从而导致无法完成，造成拖延。

另外，任何学生的不良行为背后都有家庭教育不到位的地方，父母过于控制、干涉、溺爱、严格等，都会导致相对应的不良行为发生。孩子的行为很多时候是父母行为的再版，孩子和父母生活在一起，印刻父母的行为模式，一个拖延的孩子背后常有拖延的父母。

当然，除了上面的因素，作为教师，我们更需要关注的是学生本身的能力。有些学生注意力不集中、自控力弱、不能做好时间管理、自尊心不强、学习动机水平不高、学习兴趣不浓，还有逆反心理，这些都是导致学习拖延的原因。

在此，我们主张心理学家黄仕明的观点及解决策略：找到每个拖延行为背后的正面动机。作为老师和家长，我们能做的不是改变拖延，而是改变拖延背后的正面动机，认可这个动机，做出符合这个动机的活动行为，那么问题就改变了。

大多数的成年人都是从自己的角度看孩子，以自己的速度来判断孩子的速度。但以儿童立场、视角看待孩子，才是一种平视，才是对孩子的尊重。所以我们在评价孩子的速度时，要尽量以孩子的速度去衡量，你觉得 10 分钟就能做好的事情，可孩子却要用 15 分钟，甚至用更长的时间来完成。

寻找到问题的根源——拖延背后的正面动机。有些吃饭慢的孩子，你若带他去看医生，结果可能是咬合发育不好，很难咀嚼食物。你说这样的情况下，你还骂孩子吗？青春期的孩子起床慢，是因为睡眠不够，那么一大堆的作业总是像山一样压着他们。学习压力大，孩子一想到要去学校里接受那么大强度的学习，一点休息时间都没有，出家门前心情就很差，不想收拾书包，这样就可以迟点去学校。你看，这样分析就明白了：孩子所有行为背后都有原因，这些在大人看来故意跟人作对的行为，其实都有其言不明或不便言明的原因。

还要引起家长重视的是：长期的他人催促，破坏了孩子内心的自律，一旦他律占据孩子的行为主导，孩子就很难形成自律，越催越坏。

作业拖拉，不及时上交；还没做完作业，就跑出去玩；不爱学习，喜欢游戏等。导致这些拖延行为，是因为学习任务虽然重要，但距离较远或难度较大，获得奖励需要花费很多时间和精力，而当前娱乐活动虽然客观上不重要，但是能及时提供奖励，学生往往会选择后者从而导致拖延。

那么，如何防止拖延？可以缩短完成学习任务获得奖励的时间，在学习任务过程中的每一个环节都设立获得奖励的机会。比如，学生完成课堂作业，每课完成就能获得一张奖励券，集满十张就能去兑换礼物。这个活动行为引导学生将关注点聚焦到学习上面来，从而防止拖延。

很多孩子出家门前总是拖延，比如穿鞋子很慢，本来有充分的时间出门，非要拖到最后一分钟。对于低年段的小学生来讲，可能是因为能力不匹配导致不能及时出门，比如穿衣、系鞋带的能力没有得到很好的锻炼，导致现在需要很长时间去完成。而在这个过程中，就会得到家长的批评，从而这个负面的行为被强化了，孩子产生了紧张心理，然后就更慢了。

还有一种可能是：他们觉得出家门后要面对的事情或空间对他们来说压力太大了，他们想通过拖延获得逃避的时机，减轻心理压力。出家门前，有些孩子是想能慢一点就慢一点，哪怕穿鞋慢五秒钟也好。他的心理上有一个空间的需求、放松的需求来面对未来即将发生的事情，可是这个需求有时没有被满足。

拖延确实可以让孩子迟一点面对那件有压力的事情，于是孩子不想马上去做。孩子内心的潜台词是：如果我马上去做了，我就要马上面对。

当孩子觉得面对的事情有压力的时候，老师和父母应该让他放松下来，告诉他这是一件轻松的事情，失败了没有关系，这个结果没那么重要。如果让他放松下来面对这件事情，可能就不会有那么强的负面体验。

不做作业，可以吗？可以。

暂时不去上学，可以吗？可以。

我动作很慢，你可以等一下我吗？可以，孩子你慢慢来。

孩子的每项本领在成为自然而然的行为之前都要经历摸索的过程。给孩子足够的空间和时间，让孩子一步一个脚印扎实地成长，这是当下我们父母和老师应该做的。

"你的职责是平整土地，而非焦虑时光。你只要做三四月的事，在八九月自有答案。"《时间之书》中的这句话是写给每个人的。社会如此浮躁，生活在其中的大人们难免沾染浮躁，但是这种快节奏、压力大，也不是我们把它们转嫁给孩子的借口。

"孩子，今天的作业你大概多长时间能完成？"他如果回答是一个小时，就会尽量在这一个小时里完成。当然，我们让孩子给每项任务确定完成的时间，设定闹钟提醒，他就会时不时关注自己写作业的速度，时不时要求自己集中注意力。

若一个小时到了，你发现孩子没有完成，这期间他也没有三心二意干别的事，你可以再问："孩子，你预计你还需要多长时间才能完成作业呢？"这个时候孩子的回答会更加谨慎了，你应肯定他的回答，给他足够时间，然后不再打扰他做作业。

等到他完成作业了，这样鼓励学生："你今天表现得真不错，做事情都有时间观念了，我刚才看了一下，正确率还很高，不错，效率很高！"给孩子足够的时间和空间，及时的鼓励和赞美，久而久之，他们的时间观念和做事讲究效率的好习惯就养成了。

50. 抵御诱惑：
"偷"是因为不够，那就多给点吧

"咦，我办公桌上的蛋糕怎么不见了？是谁吃了？"

当老师问同学们的时候，我真的很紧张，想告诉老师是我吃的，但害怕老师批评我。

我当时肚子实在太饿了，早上起床，妈妈来不及给我准备早饭，就给了我几块钱让我自己去买。可是早餐店排队的人实在太多了，上课会迟到的，结果我没买早餐就来学校上课了。

我想把钱放到老师办公桌上的时候，发现旁边有同学在，怕他们看见，我就没放。课间玩着玩着，我就忘记了。

我该怎么办呢？

故事中的学生偷吃了老师的蛋糕，看得出来，学生内心很不安，她不是"惯偷"，而是饥饿导致的。她想花钱跟老师买，但是又害怕别人知道她干了不应该干的事情。年少的学生遇到问题不会处理，其实完全可以直接跟老师说。所以在班级里，早上我经常会问问学生们："早饭都吃了吗？谁还没吃，可以跟老师说，我这儿有蛋糕。"

由此，我想到了很多学生为什么会去偷钱：

可能是因为父母给的零花钱真的太少；

可能是学生花销太多，超出了家长的预计；

还可能是学生缺爱，想通过"偷"赢得关注，赢得爱。

不管表象是什么，我们能明了是因为拥有匮乏感，学生不能得到满足，所以才会"偷"。当学生出现不合理的行为时，家长和老师需要引导他走向正途。零花钱太少的，跟他商量，给定一个合理的零花钱的范围。花销太大的，可从习惯处着手改变，看看他是不是结交了不良朋友，养成了恶习；反思家庭教育中，家长自己是不是爱大手大脚花钱，给了孩子不好的影响；可以让孩子通过劳动获得体验，知晓钱难赚，亦知晓购买超出自己购买能力的物品需要付出更多的汗水。缺爱的，可以给予爱，如果已经形成了心理问题，可以寻求专业帮助。

由此，我又想到了那些痴迷网络的孩子，他们走不出虚拟世界，也是因为拥有匮乏感。背着父母和老师偷偷玩游戏，浪迹论坛，徘徊豆瓣，热衷 QQ 聊天……

他们可能缺少现实的朋友，无人可以沟通、交流；

他们可能缺少现实的快乐，整天坐在教室里苦读书，听不懂的那些内容就像天书；

他们可能缺少现实的存在感，竞争那么激烈，老师眼中看到的只是那些优秀的学生，社会是优秀者的天下；

他们可能缺少家人的陪伴和关爱，父母忙着赚钱养家，只知道关注成绩，从来不知道走进他们的心灵；

可能父母管理太严苛，视网络为洪水猛兽，这让他们对网络越发好奇，出现越禁越不止的状态，更加刺激了他们对网络的依赖；

可能父母给他们上网的时间太紧，让他们没办法树立正确的网络观，只有一个小时上网看习题，用完立马关机，想看一下新闻或和同学交流一下都没有时间……

那么他们只好偷偷地积攒零花钱买手机，为了手机可以饿着肚子不吃早饭，把钱省下来；夜里趁父母睡着，偷偷地打开手机，夜战《王者荣耀》至天亮，然后白天上课打瞌睡；偷偷地借同学、爷爷、奶奶等人的手机过把瘾，然后夜里睡也睡不着，想着第二天跟谁借手机；偷偷地跑到网吧，然后一整天待在网吧，不吃也不喝，累坏了身体……

难道父母就应该完全放任孩子玩电脑？18 岁之前的孩子自律性很强的不多，需要监督。成年人都会一玩手机就很难停下来，何况孩子呢？要管，但要根据孩子的特征来管。有的孩子对网络兴趣不浓，只是用来做作业、查阅资料，那么只要偶尔关心一下，大部分时间让他们自由使用。若孩子要求延长使用时间，如果合理，家长应给予支持，但这个时间要合理，不能无限制。

当发现家长已经不管孩子，或者已经做得不错，但仍然不能制止孩子沉迷游戏时，老师就要及时出手了。首先要诊断学生是不是有心理问题，一旦发现学生成瘾性使用手机，就要让家长带孩子去接受心理咨询，这可能会发现更深层次的问题，及时帮助学生。

当发现家长给孩子接触网络的时间实在太少的时候，就可以利用在校时间让孩子接触，引导孩子科学使用网络；还可以布置一些需要利用互联网的作业，并召开家长会，大家集思广益，商讨一个合理的方案，达成共识，约定一个共同认可的网络使用时间。

之后，开展"玩者荣耀吗"主题班会课，让同学们在课上通过辩论的方式，去谈谈手机使用的利与弊；通过签订协议的方式，让同学们承诺科学使用网络；规定了使用手机的时间和范围，这样就提高了同学们对于网络的科学认知，避免盲目使用。

倘若学生已经到了痴迷网络的地步，但没有心理问题，那么请家长反思自己的教育方式，观察学生的内心世界，陪伴他走进大自然，开阔视野；让他多跟同伴交流，让他和同伴一起打球、一起郊游、一起玩耍；鼓励他敞开心扉，宣泄情绪，书写日记表达内心，多阅读书籍，获得心灵的力量；必要时，寻求专业的帮助，比如去找心理咨询师，让孩子健康成长。

当我们发现孩子要"偷"时，不要一味尖锐地喊"不"，而应温柔地说"不"。二者的不同之处在于前者是只强调孩子不能有什么或做什么的这种毫无妥协的禁令，而后者为被禁止的东西或活动提供可接受的替代品。要努力做到"不含敌意的坚决，不含诱惑的深情"。在孩童的经验里，创伤与恰到好处的挫折只是程度上的差别。

　　"偷"是因为不足，有时我们可以用各种方式弥补。够了，就不会"偷"。在民主和谐的成长环境中，让孩子从此刻就开始做出选择，选择积极的情绪和行为，选择更棒的生活体验，选择自己的幸福成长之路。

51. 缓解焦虑：认知疗法是一味心药

"怎么又是牛奶？我不喝，我不喝。"

"我一闻到牛奶的味道，就想吐，不知道为什么。"

"我从来不喝牛奶，内心就是抗拒，非常抗拒。"

从小乙有记忆以来，她一直很困惑一点："为什么我那么讨厌喝牛奶呢？从不喝牛奶，闻到牛奶的味道就莫名反胃，甚至有些过敏反应，而对其他饮料都不会这样。"

班级里每次发牛奶，她总是站在那里哭哭啼啼的，让老师们很头疼。又不是身体过敏，也讲不出什么原因，但她每次都不把牛奶带回家。

事出必有因，我跟小乙的家长联系，才明白原委。因为她小时候断奶很困难，一岁多了，她还是要母乳喂养。母亲为了让她彻底断奶，采用了邻居教的土方法，在乳头上涂上红红的辣椒水让她尝尝。要知道对一个以母乳为主要食物来源的一岁孩子来说，唯一的食物在突然间成了那么恐怖的东西，这造成的伤害有多大。据说，那天小乙被辣得咳嗽不止，脸红红的，哭得声嘶力竭。接连好几天，孩子都焦躁不安。

对于年幼的孩子来讲，妈妈是孩子最亲密的依恋对象，突然断奶，会让孩子产生一种被抛弃的恐惧。孩子没有能力去表达内心的恐惧和痛苦，她的哭声就是她所有情绪的发泄。

当小乙听到妈妈讲的话，心里突然明白了，自己原来不是不喜欢喝牛奶，而是小时候被吓到了。当小乙知道自己讨厌牛奶的原因之后，完全不用任何帮助和强迫，就主动拿起牛奶来喝了。"心病还需心药医。"小乙对于这件事有了新的认知，并有足够的心理能力解决问题，那么自然就放下了内心的障碍，她对牛奶脱敏了。

"认知"是指一个人对某对象的看法，如对自己的看法、对他人的想法、对环境的认知和对事情的见解等。认知理论认为人的情绪来自人对所遭遇的事情的信念、评价、解释或哲学观点，而非来自事情本身。情绪和行为受制于认知，认知是人心理活动的决定因素，认知疗法就是通过改变人的认知过程和这一过程中所产生的观念来纠正本人的不良情绪或行为。源于认知的改变，小乙获得了新生。

但小乙的故事并没有结束，她的焦虑还有其他的原因。

小乙六岁时，有一天，她的爸爸妈妈又吵架了，看妈妈一整天躺在床上不吃不喝，她心里很担心，一步也不离开。一会儿问妈妈："你要不要喝水？我给你倒。"一会儿问妈妈："我煮面给你吃，好吗？"得到的都是否定的答案，对于一个只有六岁的孩子来说，她还能做什么呢？她已经做得够好了！

第二天中午，妈妈终于跟小乙说想吃馅饼，让她去街上买。对已经寸步不离地守了妈妈两天的小乙来说，这是多么令人高兴的事：这个世界上她最爱的人，终于振作起来了。这个单纯的孩子高高兴兴地出去给妈妈买吃的，高高兴兴地拿着热乎乎的馅饼给她最爱的妈妈吃。

她脚一踏进家门，就喊："妈妈，我回来了！"她高高兴兴地喊了几遍，没有人回应，找遍了整幢房子都没有找到妈妈的身影。然后这个六岁的孩子几乎找遍了整个镇子，依然没有找到妈妈。

她哭着问遇见的每一个人，希望得到好消息。

"呜呜……，张叔叔，你有看见过我妈妈吗？"

"李奶奶，我妈妈不见了，她让我给她买吃的，结果我一回家，她就不见了。奶奶，你可以帮帮我吗？"小乙一边抽泣着，一边请求大人们的帮助。

从那以后，她没有了安全感，害怕失去，对任何珍视的东西都紧抓不放，一旦不在眼前，她就焦躁不安。

她此后的人生中常常梦见那天的情景：自己被遗弃了，一个人孤苦无依，害怕极了。

小乙在向我诉说这些事情的时候，已经 22 岁了，但她仍边哭边说，哭得非常伤心，"老师，我真的很害怕，很害怕"。

故事讲到这里，你一定想去拥抱当年的那个女孩。这件事对她的人生产生了十分严重的影响，她成年后得了焦虑症和恐惧症，坐别人开的车，只要别人开得稍微快点，她就十分害怕，生怕会出事，她实在太没有安全感了。

多年后，小乙主修心理学专业，通过提升认知然后自我治愈，现在正从事着心理学有关的工作。她读了《原生家庭》《蛤蟆先生去看心理医生》《做自己的心理医生》《与原生家庭和解》《情感敲诈》《心理控制术》等书。小乙为了从根源上了解自己，她进行了大量阅读，知道了自己成长的历程是形成某些心理问题的原因，明晰了自己原生家庭存在的问题，教会了自己如何与原生家庭和解。

"幸运的人用童年治愈一生，不幸的人用一生治愈童年。"小乙通过认知疗法改变了自己的行为模式，她用自己的方式去除原生家庭的灰色烙印。现在，她是一个更好的自己了。这是小乙自己选择的未来，而今她获得了自我觉醒并享受着成长的幸福，获得了积极情绪。积极情绪是每个人与生俱来的权利，未来掌握在每个人手中，幸福也一样。

52. 应激障碍处理：
从接受、飘然、等待到平复

浩浩和妈妈一起坐三轮车上学，路上一辆电动车飞驰而过，撞翻了三轮车，浩浩和妈妈一起掉下车。浩浩问题不大，只是擦破了点皮，可是妈妈因为抱着浩浩，自己的腿摔骨折了，脑门上还流了很多血。浩浩当场脸色铁青，浑身发抖。在家休息三天，浩浩总是做噩梦，每次都哭醒。

三天后，浩浩不肯去上学，说自己头疼，还不能去上课。家长信以为真，带孩子去医院做CT，但结果显示脑部没有问题。又在家休息了两天后，浩浩还是不肯去上学。家长软硬兼施，把他拖上车，浩浩捂着眼睛不敢看街上的任何东西，缩在爸爸身后，等到了学校他才睁开眼睛。课堂上，浩浩却没有出现任何不好的举动。

又过了几天，浩浩跟父母说自己不想坐三轮车去上学。于是家长带孩子坐公交车、骑自行车，每当车速快点，或是有电动车经过身旁，浩浩总是害怕得发抖，闭着眼睛，紧紧抓住家长，嘴里喊着："爸爸，我害怕，你慢点慢点。"浩浩变得非常害怕电动车，害怕看到车祸现场，每当电视上出现这样的场面，浩浩就放声大哭起来。

很显然，故事中的浩浩因为那次车祸产生了应激障碍。

应激障碍症就是我们受到了心理上的重大创伤，比如说在没有任何征兆的情况下，突然间自己的亲人离世，或亲身经历了特大灾难，比如地震等。而自己在创伤发生过后的一段时间，只有一点感觉，或者没有任何的感觉，甚至完全感受不到悲伤，该有的情绪没有发生，能理性地处理一些事情，这种表现会让人觉得非常的奇怪。

其实不然，经历这些的人都会出现不同程度的心理变化，如看到地震中被房屋压碎骨头的人，看到餐桌上的肉骨头就会害怕，还会呕吐，如果没有经过治疗，这个人就可能永远不吃肉。有些严重的，还会对正常的工作和生活造成很大影响。比如某人曾经坐飞机时遭遇强气流，飞机在飞行过程中颠簸十分强烈，差点失事，于是这个人自此听到坐飞机就害怕。单位派他坐飞机去国外出差，在出差前好几天，这个人就每天晚上睡不着觉，一闭上眼睛就想起之前坐飞机的经历，身体就异常紧张，还会冒虚汗。而最后只好向单位请假，让别人去。

因为应激障碍，很多人会引发焦虑症。其中一种是广泛性焦虑症，对患者的生活和工作影响很大。患者坐出租车出门，当司机速度过快时，患者第一反应就会做最坏的打算：万一发生车祸，自己生命受到威胁，该怎么办。然后，患者就开始紧抓扶手，当车速再次超过他的承受范围时，他就会闭上眼睛，一副视死如归的样子。直至车停下、到站，这种紧张才会慢慢散去。患者始终处于紧张状态，精神和身体总是紧绷着，从而导致入睡困难，并对颈椎等身体部分产生影响，导致头痛等躯体上的症状。而这种状态如果经常存在，加之能引起人焦虑的现实因素也很多，他们就可能会担心每一件事情。长此以往，身体会出大问题，影响健康。

浩浩的这种情况其实是有心理创伤，不是普通人说几句安慰话，做几件鼓励的事情，就能帮助孩子恢复的。心病还需心药医，需要求助专业团队，进行专业性的治疗。

心理专家会去治疗孩子的心理创伤。

一是从认知角度去减轻孩子的焦虑，让孩子正确认识自己的症状，因为这些症状本身是会带给孩子恐惧和疑惑的。

二是基于专业的技术指导，减轻孩子的痛苦。浩浩事后接触到类似场景或想起当时的情景时就会大哭，那么就引导孩子用呼吸法和其他可以使自己放松的技巧，帮助自己平缓情绪。由浙江省心理卫生协会理事长赵国秋教授发明的"心理保健操"是很有效果的，因为有应激障碍的患者常常伴有焦虑情绪，这使他们的身体显得异常僵硬，需要进行神经肌肉放松，而心理保健操十分有效。身体坐正，小腿和大腿呈 90 度，大腿和躯干成 90 度，双手五指张开，手心朝下放至膝盖处，放松肩膀，低头闭眼。吸气：打开胸腔，直到空气充盈。呼气：用鼻腔呼气，嘴巴闭紧，将全部气体慢慢呼出。仔细感受吸入气体和呼出气体间的温度差别。一次呼吸练习需要 5~8 分钟。

三是要还原创伤发生的现场，让原因再现，分析前因后果，让孩子对创伤的发生有一个清晰而正确的认知，不把偶发事件认定成必然发生的事件。那么，当类似场景再发生时，孩子的认知已经重构过，就会减少不良情绪和心理的产生。

抚触，其实是能缓解焦虑情绪的。当一个人的情绪处于异常状态，不能平静时，可以自己给自己做抚触。可以捋起袖子，露出双手，左手抚摸右手，右手抚摸左手，间隔着做，直至情绪平缓。如果孩子需要帮助，父母可以抱一抱孩子，不断地轻拍孩子的背，或者像上文那样抚摸孩子的手臂，进行皮肤抚触，直到孩子平静下来。

当创伤再次撞击心理时，可以转移注意力。不要沉浸在这个心理场里，听听歌、看看影片、跟身边人说说话、聊聊别的事情等，这些都能分散注意力。经过几分钟的转移注意力之后，大部分人是能回归理性的。

总而言之，要学会接受自己的心理状态，然后以飘然的态度对待发生的事，最后等待理性回归内心，平复情绪。

浩浩在医生、老师和家长的帮助下，运用正确的方法，心理有了明显好转。一开始浩浩不能坚持，无论做心理保健操，还是运用其他方式，都会让他回忆起之前的痛苦画面。可是医生坚持、家长帮助、老师督促，浩浩最终得以克服心理障碍，轻松成长。大人们始终坚持和浩浩站在一起，坚定地成为他成长路上的支持者。

53. 拆除"自我设限"：自我肯定，迎接更好的自己

星星说："老师，我上课真的认真听了，但科学就是考不好。我是不是学习科学的能力不行？"

亮亮说："我的无名指总是不够灵活，在琴键上没办法灵活舒展，我应该不是学钢琴的料，我想放弃了。"

明明说："女生理科就是比男生差，这是性别决定的。"

正如美国的行为科学家本杰明·斯坦（Benjamin Stein）所说："当然是运气在起作用，然而坏运气总是伴随那些把自己坠入自我失败和自我束缚的陷阱的人们。"其实每一个学生都会遇到学习上的问题，但有那么一部分学生总是没有足够的信心去克服困难，对自己在某一方面的能力产生怀疑，以至于限制了自己在某个方面的发展。这就是认知上的自我设限，这会阻碍自己的发展。

科学考试成绩不好，有时跟试卷难易程度有关，有时跟老师的教学方式有关，有时跟学生思考问题的方式有关，有时与学生没有理解课堂内容有关，还有时是学生这一段时间没睡好、休息好，导致上课没有体力支撑自己去认真听讲……不能单一地归为学生自己学习科学的能力不行。小学生毕竟年幼，他们思想的深度和广度、对世界了解的程度很有限，这有限的认知很容易成

为他们成长路上的绊脚石。

一直说自己科学不好的星星，在家长的强烈要求下，学校换了一位科学老师任教。一个星期之后，星星跟老师说："原来的科学课上了跟没上过一样，而新来的老师知识点讲得很透彻，遇到题目，我就能将知识连接起来运用。"虽然学习成绩没有特别大的进步，但星星对科学学习不那么排斥了，说自己能听懂了，有时能主动要求老师重点讲一讲自己不太会的地方。

两个月后的期中考试，试卷难度大，但星星的成绩有了明显的进步，本来在班级拖后腿的他，结果考出班级中等偏上的水平。老师于是就跟孩子分析原因，其实是因为私立学校为了应对初中学校的提前招生，上课速度过快，重点讲解不到位，导致星星知识学习不扎实，考试成绩就明显下滑。新任的科学老师教学能力强，对重点知识把握到位，讲解清楚，又进行适当的巩固练习，星星的成绩自然提高了。

"是新的科学老师拯救了我的科学！"星星高兴地对父母这样说。

"不，孩子，是你自己拯救了你的科学成绩！"老师和父母都这样积极地对星星说。

如果家长和老师没有及时帮助星星走出科学学习的困境，星星可能会从此陷入自己科学学习能力不行的认知里，从而对这门学科的学习丧失信心。一次契机消除了学生对自己能力的怀疑，当星星尝到成功的喜悦之后，就不会再怀疑自己、给自己设定框框、束缚自己成长了。中考成绩出来了，事实证明，星星的科学成绩并没有拖后腿，反而获得了优秀成绩。

说自己无名指不够灵活的亮亮，否定了自己在钢琴学习上的能力。的确，有些方面的学习存在天赋问题，但无名指不够灵活，还不足以判断他学习钢琴的能力。何况，人的手指灵活程度其实是可以锻炼出来的。刚开始学琴的时候，钢琴老师经常会让同学们拉拉自己的手指头，练习无名指和小拇指，那是因为我们通常情况下对大拇指、食指、中指的使用频率比较高，无名指、小拇指使用得比较少。学钢琴需要五个长短不一的手指都一样灵活，能对大脑的指挥做出同样质量的反应，才能弹好曲子。所以每个人都要经过一段时间训练自己的手指，才能让五指一样灵活，才能演奏出行云流水般的动人乐章。如果让亮亮有了这方面的认知，他就不会自我设限。

而明明的观点属于性别迷信，只要对这样的思维进行逆向推理，即可让学生明白这一观点的不科学。"既然你说男生理科学习能力会强一点，那么你们班某某男生等十个人为什么成绩比你差？""如果像你说的，女生文科学习能力就比男生强，那么你们班某某等那么多女生文科成绩也没有比男生好呢？这是为什么？请你思考，然后告诉我。"问题的关键在于改变学生对某个不科学现象的看法，看法导致态度，态度决定行为。

这样的例子是很多的，家长和老师要及时发现，及时引导学生。排除智商的问题，大多数的学生能达到学科的中等及以上水平，关键在于是否有正确的认知、科学的态度、积极的行为。要帮助学生保持对事物客观科学的认知，从而减少消极情绪的产生，帮助学生保持积极情绪，从而乐观地面对成长中的问题，养成积极的心态和品质。

54. 社交障碍淡化：
请再给我一次机会

"东东，后羿射日哪个举动让你觉得非常了不起？"语文课上，我请东东回答。

教室里安静了很长时间，东东并没有站起来，同学们的眼睛一起齐刷刷看向他的时候，他紧张得满脸通红。

我以为发生了什么事情，就走到东东的课桌前，拉着东东问："你怎么了？"东东低着头，一声不吭。

我看向他的同桌，同桌双手一摊，头一歪，表示："老师，我们什么也没做，我也不知道为什么。"

于是，我就再叫东东站起来回答问题，东东仍然不站起来。到底发生了什么事情？我想一探究竟，就硬拉着东东站起来。东东见反抗无效，只好站起来，然后眼眶红红的，马上要哭了，一副受了极大委屈的样子。

东东虽然不是特别外向的学生，但学习很认真，成绩也不错。今天这个问题不难，却回答不了，为什么会这样呢？

这样僵持了大概五分钟，下课铃声响起来了，我带着满脸的疑惑宣布下课。课后，我偷偷找来东东的同桌欢欢，给她了一个任务：私下问问东东到底是什么原因不回答问题。欢欢欣然领命。过了一天，欢欢独自跑到办公室，小声说："林老师，东东从来没有在课堂上回答过问题，所以有点害怕。"

"啊，都读五年级了，从来没有在课堂上回答过问题？任何学科都没有？"我觉得这个问题有点大了，难怪叫他起来回答问题的时候，他身体还有点发抖。

"是啊，从来没有过，你这么突然一叫，东东说自己实在太害怕了。"欢欢说。

故事并没有就此结束，我知道原因后，经常偷偷观察东东。经过一个多月的观察，发现东东从来没有过举手发言，总是默默地认真听讲。因为他没举手，各科任老师又对他印象不错，所以都认为他懂了，也就没有叫他起来回答问题。所以就连作为班主任的我也没有意识到从来没有请东东回答过问题，在我的印象中，东东应该是什么机会都有轮到过的学生。

就东东的表现，我请教了学校的心理老师。心理老师说东东有轻微的社交障碍，需要去家庭中了解更多的信息。于是我联系了东东的妈妈，进行一次家访，和她聊了聊东东在课堂上的胆怯表现。东东妈妈也说："东东放学回家后，就很少出门找小伙伴玩。平常在家就是看看书，要是有人欺负他，他也不说，闷在心里。乖倒是挺乖的，就是话太少。"

在长达两个小时的家访过程中，我了解到东东爸爸在东东读小学二年级时去世了。今年，东东妈妈组建了新家庭，继父对他还不错，两人相处得也不错。

我建议东东妈妈和继父经常带孩子出去旅游，让他多和亲朋好友的孩子交流和玩耍。东东妈妈是个非常乐观开朗的人，她表示自己会尽心去陪伴孩子的。

"看来，东东平日接触的人太少了，与人交流的机会也太少了，应该找东东单独聊一聊。"我是这样想的，也就这样做了。平日里，东东和我的师生关系不错，所以这次单独谈话效果可能会不错。

"东东，你之所以害怕，是因为没有过这样的经验，其实回答问题并不难的。"

东东低声说："老师，我怕回答错了，大家会嘲笑我。"

"你看那些成绩考得没你好的同学都能自信地回答问题，你为什么不能呢？"

东东又低着头不说话，但脸色还是正常的。

"接下来，老师会在课堂上给你一些发言的机会，锻炼你的胆量，你会站起来回答问题吗？"

东东没有说话，不过点了点头。

于是，又一节语文课上，我又提问："东东，你圈出了女娲补天的过程中的哪些动作？请你回答一下。"

东东稍微犹豫了一下，然后就站起来回答。

声音不大，我继续说："东东，你的回答非常正确，能说得再大声点，让每个同学都听到吗？"

这时候，东东红着脸提高了嗓门，每个同学都能清楚听到他的答案。同学们不约而同地鼓起掌来。东东红着脸坐下了。

就这样，在一次又一次地被点名回答后，东东慢慢地也会举手发言了。我考虑到班级中可能还有东东这样的同学从来没有当众发过言，也考虑到要给东东这一类的同学更多的展示机会，锻炼他们的胆量和能力，于是在班级开展课前五分钟讲故事活动，还组织全班同学参加学校里的朗诵比赛等活动，用活动悄然推动同学们的能力成长，"逼着"每一个同学展示自己。

在集体的带动下，东东变得开朗多了，经常主动跟各科任老师交流，还经常和小伙伴们一起外出游玩。东东还能走上讲台给大家讲故事，模仿故事中孙悟空的动作，惟妙惟肖，全班同学都被逗乐了，而东东也露出了自信的笑脸。

东东的笑脸，是对我不急不躁引导他走出社交困境的奖赏。

"社交障碍"一词听起来有点可怕，其实不过是某些小孩子没有经历过某些人际交往情境所表现出的胆怯、羞涩和紧张。只要教育者持有发现问题、解决问题的态度，接纳孩子的现状，不批评、不指责，营造开放的环境，给予孩子支持，对孩子战胜恐惧给予技术帮助，那么问题就迎刃而解，变成孩子成长的一次契机。

"请再给他们一次机会"，老师的积极处理方式，能够助力学生积极地应对问题，消除焦虑，勇敢跨出走向人海的第一步，形成积极的品质。

55. 情绪宣泄：
日记是孩子放飞心灵的秘密基地

"我好像喜欢上那个他了。这是不是早恋？"

"我为什么那段时间会和小叶交朋友？如果遇到的是小鱼，就不会这么受伤。为了她，我还埋怨了我妈妈，现在想想真对不起我妈妈。"

这些内容来自一个六年级女生的日记，里面记载了她青春期的喜怒哀乐，完完全全地表达了她的内心。

新教育发起人朱永新老师在《朱永新教育小语》中写道："写日记是一种非常有效的'道德长跑'方式。通过写日记，学生可以不断反思自己的所作所为，让自己与自己对话，让一个自我战胜另一个自我。"

日记是一个展示心灵的平台，是学生调节情绪的空间，也是学生跟自己的内心和灵魂对话的方式。学生可以在日记的广阔天地里纵横驰骋，大胆地流露喜怒哀乐，做回自己内心的主人。大部分的学生会把自己的日记本当成私人领地，上锁加密，放在无人知道的秘密场所，极不愿公之于众。只有在自己的秘密基地里，他们才能完全地成为自己，一旦发现自己这一块领地有人窥探，那么他们就封闭心门，或违心而写，或干脆停笔不写。所以，作为家长和老师，除非学生同意，否则就不要看他的日记。

我这样建议，估计有些老师和家长就不乐意了，他们心里会这样抗议：

"万一孩子的情绪在日记本里无法宣泄，发展成心理问题，我该怎么办？不行，我想看，我要了解。"所有的问题其实都有解决的方法，只是时间的迟早和解决方式的优劣而已。

可以在班级中开展"心情日记接龙写"活动，这必须是每个学生都认同的班级行为。虽然学生不可能像写个人日记那样毫无保留地发泄自己的内心情绪，但敏锐的老师能从中看出端倪，发现异常。

有些老师也主张学生们写个人心情日记，然后收上来，只有老师个人可以看到，与学生私下进行沟通和交流。这样做的前提条件是老师要做到绝对保密，除非万不得已，不能泄露学生的隐私。著名教育学专家马克斯·范梅南（Max van Manen）曾说："当我们选择与一些人分享秘密，却对另一些人保守秘密时，可以显现秘密背后所蕴藏的不同层次的情感和意义。"所以，当学生与老师分享自己的日记时，老师应对得起这份信任。

还可以写家庭接龙日记，每个家庭成员都写下自己一天的心情，约法三章，可以翻阅其他成员的，并且进行及时沟通和交流。该道歉的时候果断道歉，该解释的时候立马解释，不要让误会过夜，不要让情绪堵在心口，家里人人敞开心扉，拥抱彼此，那么家庭关系就变得和谐，彼此就更能互相理解，成为对方生活有力的支持者。

中国人民公安大学的李玫瑾教授曾在讲座中多次提到一个案例：因迷上网络游戏《魔兽争霸》写了大量网络日记的孩子怕父亲责骂而跳楼。这说明了什么？孩子的内心根本没有可以信任和交流的人，所以他们选择以写日记的方式去表达。如果这个父亲能平心静气地和孩子聊一聊，或者试着看看他写的日记内容，就会发现孩子文采斐然。这个孩子写的都是可以写的东西，只不过现在学业负担太重，让孩子很少有时间做自己想做的事情。所以，到最后，作为家长和老师该反思的是自己的教育方式是否得当！

那么又有人质疑了，不是说要尊重孩子，除非孩子同意，否则不能看孩子的日记吗？这确实是个两难的问题。如果孩子的行为真的偏离正常轨道，出现了心理问题的危险信号，家长和老师也真的不去了解吗？这里又涉及"技术"的问题。在尊重和保护孩子的前提下，要悄悄观察，花时间和精力关注孩子，但又不明确表露出任何东西，必要时寻求专业帮助。

很多父母总是在纠结孩子具体的"秘密"是什么，其实大可以从产生"秘密"的原因入手，分析孩子的秘密背后的行为动机。这样才能解决根本的问题。

给孩子的日记本和他们的"秘密"设置专门场所，比如一个上锁的抽屉或柜子，让他们自由使用。当他们需要使用的时候，父母得体地走开，留给他们一个独立和安静的空间去整理自己内心所有的感受。他们只有在这样的秘密空间中才会有真正独处的体验，才能意识到真正的自我。

当孩子得到足够的尊重和保护之后，他们就会信任自己的家长，有时还会将自己的"小秘密"向你倾诉，慢慢拆掉戒备的墙，让爱进来，让情绪明亮起来。书写日记能增加孩子积极情绪的内核，能够成就孩子积极的特质，指引孩子积极地走向未来。

56. 积极心态调整术：
再糟糕的事情，也有积极的意义

"为什么失败的总是我？人家说：失败乃成功之母，而我的成功怎么有这么多个母亲？"

"明天是不是又这样？数学怎么这么难懂？我能不能不学习了？"

"虽然结果不是我想要的，但从中我学到了很多。"

"今天老师给我布置的任务很费时间，这张海报需要很长时间去完成，我差点连周末作业都不能及时完成。但从中我学到了很多，我了解了怎样设计。"

以上是不同学生对待问题的不同心态。同样是面对不顺利的处境，前两位学生的心态非常消极，甚至扩大了困难，几乎要选择放弃；而后两位学生的心态积极，他们始终认为所有目前遇到的困难，都会成为下一次成功的起点。如何帮助孩子养成积极心态，乐观应对遇到的问题呢？基于积极心理学让人变得更好的目标，我们可以从以下几个方面做出努力。

教会学生调整心态，存储每一个美好的瞬间。不良的心态就像病毒一样会传染开来，同样，积极的心态也会相互传染、相互激励。积极心理学研究者芭芭拉·弗雷德里克森（Barbara Fredrickson）在《积极情绪的力量》中指出获得积极心态的方法之一是品味美好，即从好事中寻找好的方面，不用过度分析它为什么给你好的感觉，只要沉浸其中。将自己遇到的好事、美事都一一记录下来，建立积极情绪档案。那么，积极情绪越积越多，学生就会沉浸在"品味美好生活"中，从而养成良性的情绪循环。

调整对不能及时完成的任务的认知，积极应对每一个生活挑战。树立起即使再糟糕的事情，也有积极意义的意识，这样一来学生面对问题时心态要好，格局更大。在失败事例中发现自己能够得到的积极意义，看待问题的眼光变了，心态也变了。生活岂能尽如人意，不如意事常八九，生活中的事大多数是不能遂人愿的，那么就应该学会从中得到成长。所有的失败，都是你今后成长的垫脚石。

画一画事情发生的过程图。直面整个事情发生的过程，用比较理性的方式进行复盘，发现不能顺利完成的原因，这其实是有激励作用的。很多时候，失败是因为进行中的某个环节没能连接上，而不是能力不足。教会学生反思事情的整个过程，学会分析，那么他就能用这样的思维审视已发生的事情，并着力于解决，而不是沉浸在失败的情绪中。

不要停下阅读的脚步。阅读不但能让人静下心来，还能让人深刻思考。如果你遇到某种类型的问题，能不能试着找解决这类问题的书来看？人类的智慧发展了那么多年，总有一些能够给我们启迪。从书中不难找到比自己有智慧的人进行对话。当一个孩子看过很多他人的故事，知晓了比同龄人更多的世事，面对问题就能更好地释怀，因为他的眼界和视野被打开了。

学会等待，给事件以时间。等待一会儿，会发现很多事情随着时间会发生很多变化。在当时看来非常糟糕的局面，在未来却成为良好的契机。每个人的思考能力都非常有限，一般意义上，普通人很难判定什么一定是对的，什么一定是不对的。教会学生这样思考问题，久而久之，就能使之形成思维习惯，从而打开心胸。

把遭遇到的不顺利表达出来。可以借助日记、自言自语、找朋友聊天等方式，把这个时段的烦闷说出来，达到发泄情绪的目的。

做有效的调节。换个环境走一走，到空旷优雅的地方去，芝兰之室会使人心旷神怡，比如学校的花园操场等。看到美丽的景色，人的心情会发生很大的变化，会生发热爱生活、热爱自然的好状态。利用学校的环境去调节学生身心，是一种可持续的方法。

听首歌或者吃点甜食。心理学上有音乐调节法、饮食调节法。做一些令自己开心的事情，让自己兴趣点转移。举行零食会、十佳歌手比赛等，都是可以让孩子调节自身状态的好方法。

暂时放下手中的事情，积极暂停。去做新的事情，去喝口水或讲个笑话给同学听，让新的任务吸引自己的关注，焦虑的情绪会得到缓解。转移注意力，能令学生摆脱之前情绪的困扰。

设负面情绪持续时间阈值。运用五分钟法则，即从第一个五分钟开始，投入到能够让自己找到喜悦感的事情中。从最简单的事情开始，如果学生能不停地去做激励自己的事情，那么正面情绪就能够驱赶负面情绪，当事人就能重拾好心态，积极阳光地面对未来。

再糟糕的事情，只要能从不同角度发现其积极的结果，选择积极且有效的解决方法，你就会感觉并没那么糟糕。

57. 构建良性心智模式：
掌控微习惯，掌控未来

"妈妈这么讲卫生，而你怎么总是邋里邋遢的，东西都不知道整理啊？"

"老师，我家小孩做完题目都不知道检查的，怎么办呢？"

"老师，我这孩子习惯不好，不知道怎么复习。"

"要从小开始培养孩子良好的习惯，等孩子大了，就一切都好办了。"

"老师，我试着让孩子写寒假安排表，但是执行起来怎么那么难呢？习惯还是不好。"

上面的故事说的是关于习惯的问题。人人重视习惯，那么习惯是什么呢？好习惯的意义在哪里？如何培养好习惯呢？

习惯是一种固定程序或定期实施的行为，在许多情况下，是自动执行的。《韦氏词典》给"习惯"下的定义是"一种常见的行为方式：一个人以规律、重复的方式做的事"。它分好习惯和坏习惯，起初从微小之处开始积累，而最终导致的结果是我们在开始时无法想象的。应该建立好习惯，坚持下去，随着岁月的积累，形成显著的好结果。习惯最终能形成一定的心智模式，从认知框架、思想路线、行动导向三方面影响着每个人。国际组织学习协会创始人彼得·圣吉（Peter Senge）指出，心智模式不仅决定我们如何理解世界，而且决定我们如何采取行动。因为人们在成长过程中，会逐渐总结规律、发展模式，形成一些对世界的概括性的看法，即价值观和世界观，这会影响人们的判断和行为。

好的习惯是自我提高的复利。就像钱财借助于复利实现倍增一样，你的习惯的效果也会随着你不断地重复而倍增。在很短的时间里看不出习惯的作用，但经年累月之后，就会发现好习惯和坏习惯之间的差距，及其对每个人人生的影响。

每一个伟大的成就都建立在之前打好的基础之上。那么就要在学生们很小的时候，去引导他们建立好的习惯，使之最终成为他们身体里的"长相"。从微小的习惯着手，一步步成长。

如何养成好的习惯，成就其积极的意义呢？积极心理学关注的是人的强项、积极的特质，而这些都需要从形成良好的习惯开始。良好习惯的形成，不仅需要意志力，更需要正确的方法。

重复就是大脑使用的语言。建立习惯其实就是用重复来改变大脑。一个习惯的养成需要重复66天的时间。所以在一段时间内的重复是建立习惯的开始。

为了更好地鞭策学生，我会在让学生们在自己的本子上写下每天必做的事情，粘贴在醒目的位置，注意不能超过四项，让他们一抬头就能看到每天的目标，这会提醒学生自觉去完成，产生内驱力，从而顺利完成，并成为习惯。要养成怎样的习惯，这是一个非常个人的、私密的选择，所以遵从个人内心对自己的要求，选择适合自己的。大人如此，小孩也是这样。

针对一个习惯，先开始实践一周，然后要进行分析和评估，接着做一个系列目标成长计划。这可以是单一的小习惯，也可以是很多项习惯，但把这些习惯变成小得不能再小的一小步，就容易操作和实现。

挖掘每个习惯的内在价值。"为什么要养成这样的习惯？"找到这些习惯的意义，不断地寻找和追问，直到形成循环和重复，只有这样才能找到核心的根源。例如在让学生养成每天写作文的习惯前，我让他们先思考下面这些问题：

我想每天写200字以上的文章。为什么？

因为我想写一本书。为什么？

因为我想拥有自己的学术专著。为什么？

因为我想成为优秀教师。为什么？

因为我想把学生教好。为什么？

因为我是一个有责任感的人。

最后的追问抵达了一个要建立习惯的人的身份确认。美国著名习惯研究专家詹姆斯·克利尔（James Clear）在《掌控习惯》一书中写道：内在激励的终极形式是习惯与你的身份融为一体，你越是以自己身份的某一方面为傲，你就越有动力保持与之相关的习惯。真正的行为上的改变是身份的改变，而你的行为通常又反映了你的身份。一种行为重复的次数越多，与之相关的身份就越会得以强化。每个习惯不仅会得到结果，还会教会你更重要的事情：信任自己。同样的追问也适合每一个人：你想干什么？为什么？直至所有的追问变成一个循环，人们能从中得到启迪，产生内驱力。

用恰当的时间和行为方式去实践，养成习惯。生活日程很难完全符合个人意愿，一些任务就需要见缝插针、灵活机动地去完成。微小的习惯可以灵活安排成自主、自由的样式，这种富有弹性的安排，更易养成一种习惯。当一个人养成了一定的习惯之后，如果有些事情突然冲破了、阻挡了习惯的循环，人的内心会有一种"瘾"召唤回归到原来的状态。这可能就是脑回路的循环了。

在给班级建立某个习惯的时候，我会制作一个简短的计划，里面罗列着一个时段要养成的行为习惯。什么样的活动，以什么样的方式，什么时候检测等，讲清楚了，行动起来就显得有章法，效果也就明显了。

用奖励的方式提升成就感，建立回报机制。我们能够从习惯中获得需求的满足，我们还能明白哪些行为对于习惯的养成是有益的，这些值得我们去记录并应用到后期的行动中。

作为帮助孩子建立习惯的"他人"，我们应尊重孩子个体的独立性，于是我们可以借某种方式将这些有助于形成好习惯的东西展示给孩子们，至于达到怎样的程度，则是没办法强加的。通过引导，让孩子理解好的习惯之所以能被养成，哪些行为起到了决定的作用，用文字等形式记录下来，这样一来，有价值的行为会得到加强，孩子就会下意识地去做。很多父母把孩子获得的奖状粘贴在家里客厅的墙上，其实有其道理，这就是在增强孩子优秀行为获得的奖励效应。

让习惯养成有过程记录是很重要的。比如，孩子设定的习惯是每天写100字的短文，把这已经完成的任务记录在日历上，于是，能够清晰地感受到每天达成的任务不止100字，有时是1000字，甚至更多；当孩子翻阅日历时，发现前面每天完成了那么多书写文章的积累，今天本来不想写的，就产生了动力，又去动笔了。孩子们一天天这样去积累，发现写到了几万字，就会想着去写一本书了；当孩子们从出版社那里拿到了自己的书，他们就不仅仅是想写一本书了，而是写很多本书，形成了自己的认知；当孩子成了小作家，他们发现这个身份促动着自己去写更多的文章，且精益求精。这个良性的习惯循环形成了，这个习惯带来的成就是孩子最初每天写100字文章的时候，无论如何都无法想到的。

在班级里，我就是这样去做的。让学生去记录，每天写50字左右的日记，一个学期之后，会发现这些文字不仅有了质的飞跃，更重要的是，学生养成了爱动笔的习惯，不再畏惧写作，不再畏惧表达。接着继续要求，第二年每个学生每天写60个字，形成班刊，于是形成整体班级写作氛围，人人表达欲望强烈，人人都积极参与，直至有学生出个人文集，被评为校、区、市的小文学家。从微量的任务开始，突然有天会超额完成，这是对习惯养成的重大奖励。最初的目标应该设定的低一些，过高的目标可能会阻碍任务的完成，难度增加了，畏难情绪重了，过高的目标增加了意志力的损耗，就容易懈怠。哪怕提高目标，也是从50个字提高到60个字，这10个字对于增长了一岁的学生来说不难，意志力损耗没有增加。

值得提及的是，不要因为前一天超额完成，后一天就提高目标，而应延续原来的目标，每天写50个字。如果今天突然要求学生写100个字，那么就会给学生带来压力和负担，反而限制了今天的发挥。因为昨天已经能写 100 个字，今天的要求仍然是 50 个字，抛开了高期待，不对任务量有执念，而是将精力关注在坚持目标、养成习惯上。当你将非习惯变成习惯，后期的任何行为就不再是与大脑的对抗，而是与大脑的合作了。

在帮助他人养成习惯，或者是建立自己的习惯的过程中，要对每一次进步表示满意，要记得汇报每一次习惯的养成，并记住当时自己的状态等标志性信息，记录习惯养成过程中的每个步骤，以便于观测其他习惯的养成。当养成过程阻力很大时，请记得回退或缩小目标，记住用多余的精力超额完成任务，而不是制定更大的目标。

58. 积极品质养成：
在活动中肯定，在训练中巩固

"你昨天做错了，今天又做错了，怎么天天做错呢？"

"江山易改本性难移，你呀，就是这样子，老犯同样的错。"

"你呀你，我一而再，再而三地强调过，你不要再犯这样的错误，你怎么老毛病不改呢？！"

老师或家长在教育孩子的过程中经常出现以上的对话，为什么那些我们不愿意看见、希望孩子改变的不良行为，孩子却屡教不改呢？

是不是我们看待孩子不良行为的眼光出了问题？我们是不是放大了学生的不良行为？我们总是在课堂上或家里不断批评孩子的不良行为，却没有将孩子良好的行为进行鼓励性强化。行为主义心理学提出了"强化"的概念，当我们对某个孩子的良好行为进行鼓励性强化，对其不良行为进行惩罚性强化，那就增加了良好行为出现的频率，减少了不良行为出现的频率。

但可惜的是，我们经常将这个行之有效的"强化"错用，一味用于"批评"学生。其实很多不良行为源于孩子某种正常的心理需求，只是他们用错了行为方式。

基于积极心理学理念，我们须坚持积极定位，坚信学生是个好孩子，是一个正常孩子，要郑重其事地鼓励孩子的良好行为，想办法创造机会，提升他们的互动和社交能力。

举行隆重的仪式表扬学生的优秀行为。老师通常比较容易在全班同学面前去批评学生的不良行为，指责那些作业不及时完成、上课不认真听讲、浪费粮食的学生，而对学生获得的进步表扬力度不够，很容易轻描淡写。这样做不能够激发学生的积极性，反而可能将学生推向愿望的对立面。对平常不良行为频发的学生，表扬的时候越要隆重，越要有仪式感。

每个学期都要有独特的班级仪式，每个节日也要有独特的班级仪式，利用活动打造多元仪式感，去庆祝学生们获得的优秀成绩。让每个学生都参与进来，融入其间，享受活动的乐趣，感受校园生活的丰富，体会积极的情绪，感受自己的能量。这样一来就营造出了积极的教育场，学生们会觉得自己受到关注，获得肯定，内心会充满幸福感，有利于学生优秀行为的巩固以及优秀品质的养成。

把班级管理的重心进行转移，不要放在矫正错误行为上，而应放在养成积极有用的习惯上。我们不应用严厉的手段去镇压学生，而应引导学生做更好的自己，去发现自己的优点，让没信心的学生重获信心。

还有就是要将学生的不良行为进行科学归因。对于个体行为的成因，心理学家韦纳（Weiner）从控制性（可控和不可控）、稳定性（稳定和不稳定）与原因源（内部和外部）三个维度提出了比较成熟的归因理论。我们可以从中看到，有的是因为环境因素，有的则是自身因素。

老师要对学生的行为进行诊断，然后开展针对性的疏导。一定要注意的是，不能让学生觉得完全没有改变的希望，给学生贴上影响终身的标签。学生的行为既不能归因于家长，也不能定性孩子品行差，而应积极地开展活动，尽可能地提供平台促使学生进步。要相信所有的学生都有改善的空间和可能。

会唱歌的能参加十佳歌手比赛，会跳舞的有展示自己舞姿的平台，会弹琴的可以有尽情演奏的机会。书法展、足球赛、厨艺大比拼、水果拼盘等活动丰富多彩，尽可能提供多维度的平台让学生展示多元的才艺。要充分发挥每个同学个体的优势，让他们从学校、班级提供的活动中，获得个人成长及价值，让学生感受到成长的幸福。

利用科学有效的方法帮助学生改正不良行为。很多学生希望老师关注自己，于是常常去做违规的事情，受到老师的批评后，就沾沾自喜。简·尼尔森等在《教室里的正面管教》一书中写道："每个行为失当的孩子就是缺失鼓励的孩子，每个不良行为都有一个错误目的。"下面是该书中列出的"错误目的表"：

孩子的目的	如果家长或老师的感觉是	而且想采取的行动是	如果孩子的回应是	孩子行为背后的信念是	密码信息和家长或老师主动的鼓励性的回应
寻求过度关注（操纵别人为自己奔忙或得到特殊服务）。	心烦；恼怒；担心；内疚。	提醒；哄劝；替孩子做他自己已经会做的事情。	暂停片刻，但很快又回到老样子，或换成另一种打扰人的行为。当进行一对一关注时，错误行为停止。	惟有得到特别关注或特别服务时，我才有归属感。惟有让你们为我团团转时，我才是最重要的。	关注我，让我参与（相信我，让我做）；通过让孩子参与一个有用的任务，转移孩子的行为；"我爱你，而且……"（例如，我在乎你，等会儿会化时间陪你）；安排特别时光，建立日常惯例；花时间训练孩子，召开家庭会议或班会；默默地爱抚孩子，设定些无言暗号。
寻求权力（我说了算）。	被激怒；受到了挑战；受到了威胁；被击败。	应战；投降；心想"你休想逃脱"或"瞧我怎么收拾你"；希望自己正确。	变本加厉；屈从但内心不服；看家人或老师生气而觉得自己赢了；消极对抗。	惟有当我来主导、控制，或证明没有谁能主导我时，我才有归属感。"你们制服不了我。"	让我帮忙，给我选择；承认你不能强迫孩子，并请求孩子帮助；既不要开战也不要投降，而是撤离冲突，让自己冷静下来；坚定而和善；不说，只做；决定你该做什么；让日常惯例表说了算；培养相互的尊重；给予有限度的选择，在设立一些合理的限制时得到孩子的帮助；坚持到底；鼓励、引导孩子把权力用在积极的方面；召开家庭会议或班会。

孩子的目的	如果家长或老师的感觉是	而且想采取的行动是	如果孩子的回应是	孩子行为背后的信念是	密码信息和家长或老师主动的鼓励性的回应
报复（以牙还牙）。	伤害；失望；难以置信；憎恶。	反击；以牙还牙；心想"你怎么能这样对我？"	反击；伤害别人；毁坏东西；以牙还牙；行为升级，或换另外一种武器。	我没有归属感，受到伤害就要以牙还牙，我反正没有人疼爱。	我受到伤害，请认可我的感受；处理受伤的感觉："你的行为告诉我，你一定觉得受到了伤害。能和我谈谈吗？"避免惩罚和还击；反射式倾听；做出弥补；鼓励其长处；召开家庭会议或班会。
自认为能力不足（放弃，且不愿别人介入）。	绝望；无望；无助；无能为力。	放弃；替孩子做；过度帮助。	更加退避；消极；毫无改进；毫无响应。	我不相信我能有所归属，我要让别人知道不能对我寄予希望；我无助且无能，既然我怎么都做不好，努力也没用。	别放弃我，一步步教我；表达对孩子的信任；小步前进；停止批评；鼓励任何一点点积极努力；关注孩子的优点；不要怜悯；设置成功的机会；教给孩子技能，示范该怎么做；真心喜欢这孩子；以孩子的兴趣为基础；鼓励，鼓励，再鼓励；召开家庭会议或班会。

　　每个行为背后都有自己的密码，从上表中我们不难发现：有的是在寻求过度关注，有的则是寻求权力，有的是寻求报复，还有的认为自己能力不足。而面对不同的目的，老师则要有相应的鼓励回应给学生，表格中已经非常详尽地列出了。

　　对寻求关注的学生，你给他个眼神，然后对他说："如果你想老师和你多交流，我们一会儿坐在一起吃午饭。"很多时候，一些不良行为就这样被消融了。

　　老师和学生之间也会陷入权力之争，到底谁说了算？其实，只要采取和善坚定的态度，你定会从中得到平和处理的方式。让学生说了算，难道不行吗？给出选择的余地，学生们会更容易接受的。

　　那什么是和善而坚定？这是《教室里的正面管教》中非常重要的原则。

"预防并不会永远都管用，即便是最可爱的3~6岁的孩子，也会时不时地做出不良行为或犯错。在这个时刻，就需要和善而坚定的养育。和善，表明的是你对孩子作为一个人的尊重，并强调教给孩子有价值的技能。坚定，是要用必要的行动支持你说的话，帮助孩子了解你说话是算数的。"

小学阶段学生的某些行为之所以不达标，更多的原因是学生不会做。给学生建立良好的行为范式，是需要花时间去训练的。训练的步骤为：让学生看着你做一件事，并友好地向他们解释；当学生知道整个操作流程之后，让他们和你一起做这件事；让学生自己去做这件事，你从旁指导；到学生感觉自己能做到的时候，让他独立做这件事。

培养学生从来不是一朝一夕的事情，需要长时间持续的努力。

我们要去"赢得"孩子，而不是去打败孩子。简·尼尔森在另一本书《正面管教》中指出要"赢得"孩子，让孩子和自己一起合作，主要有四步：

第一步，理解他的感受，弄清楚他是怎么想的。

第二步，表达对他的同情，与对方共情。

第三步，说出你的感受或者想法。

第四步，提出下一步行动建议，达成共识。

以上第一和第二步就是达成共识的关键步骤，站在孩子的角度他就会认为你懂他，也就是首先要"软"，要降低姿态和他站在一个阵营里；建立感情连接之后，再去谈你的感受、提解决方案都会更容易进行下去，可以是抛出问题让孩子来说，也可以是你提出建议获得他的认可。

班级里，小方和同学起了争执，小方哭得很大声。经过侧面了解，是小方先做错事了，同桌才推了她一下。而当小方情绪这么糟糕的时候，是不能接受任何教育的。

那么老师就这样说："你现在这么难过，一定是有原因的，尽情哭吧，等你情绪好点了，我们再聊。"

等到孩子不再哭了，老师请孩子坐下，并倒了杯水给她喝。才开始问："刚才你们发生了什么事情？"

是的，当学生觉得你是值得信赖的，沟通才能开始，教育才能开始。学生要在你这里找到价值感和归属感。

"赢得"孩子，是指大人维护孩子的尊严。你尊重孩子，对待孩子和善而坚定，相信孩子有能力与大人合作，并让他们贡献自己的一份力量，给予孩子大量的鼓励，花时间训练孩子基本的人生技能，那么你就更容易"赢得"孩子。鼓励并不一定是语言，有时是一个拥抱、一颗糖果、一个肯定的眼神、一个上扬的笑容、摸摸孩子的头等。孩子需要鼓励，就像植物需要水。

最后，通过反复读书和练习，加强你的学习。是的，每一位家长或者老师在帮助孩子之前，请先反复学习"技能和技巧"。当我们认知得体、方法科学时，才会有教育发生。要努力地将积极心理学的理念融入自己的教育生活，落实在自己的一言一行中，积极地为每个孩子的成长营造更好的成长环境。

59. "多动症"的克星：
运动，有你想象不到的强大功能

"哈哈哈，老师，你不要批评我，我就是控制不住自己。"

"老师，我不想跟小宇坐。他一会儿跑，一会儿跳，一会儿戳我，一会儿踢我，我真的不想和他同桌。"

"林老师，你们班那个小宇真的太不守纪律了，有时候上课都在教室里乱跑，这怎么上课啊？"

几乎每节课总有学生在课堂上表演"大闹天宫"，小宇当然是出镜频率最高的一个。他没有一刻能静下来，请家长带孩子去医院检查，但家长给出的答复是：医生说孩子没有多动症，只是习惯不好。我想看一看医生的诊断书，家长嘴上答应，但始终没有让孩子带来。

我咨询了医生，说是随着孩子年龄增长，多动和冲动的情况会在一定程度上减轻，尤其多动症的症状会明显减轻。但是，注意力不集中和冲动的症状，有相当数量的孩子没办法得到修复，大多数持续到成年。也就是说，这部分孩子长期没办法像正常孩子那样集中注意力，会在学业成绩、人际交往等方面处于劣势，没有足够的信心应对社会的成长任务，人生很容易偏离正常轨道。假若错过了最佳治疗时间，那么接下来治疗的效果就会不明显，对孩子的伤害更大。

绝大多数小学阶段的学生对于心理疾病是没有认知的，这就需要重新构建学生的认知。在征求学生同意的情况下，可以通过拍摄学生的日常上课视频，让学生亲眼看到自己行为的问题，从而引发自我觉醒，主动要求家长带自己去治疗，也从内心深处生发改变自己的意愿。当然学生的行为不是立刻就能改变的，这需要一个过程。当错误行为再次产生的时候，老师或者家人可以通过和学生讨论的方式，让他再次认识到这种行为的错误及产生的原因，促动内心改变的原动力。

　　当然，对多动症的治疗非常专业，它要求心理治疗、心理疏导同时进行，医师和老师共同努力。尽管小宇的妈妈不承认孩子在这方面需要改善，但她对待孩子非常有耐心，并尝试学习对待小宇的一些行为管理方式。小宇妈妈也非常关注孩子的情况，孩子经常跟我反馈：妈妈每天督促他吃药，有时是中药，有时是西药。他们家家庭关系也逐渐好转，小宇相比以前，脸上笑容变多了。

　　心理学家加里·埃默里（Gary Emery）博士说："在工作世界中有一个简单的法则，即专注就是力量。"对于患有多动症的孩子来说，培养专注力是多么重要的事。专注力缺乏的孩子如果没有经过治疗或训练，能力就较难得到发展，未来是受限的。

　　即使在家长不是特别配合的情况下，我在班级里也尽力帮助学生。我了解到，我们在运动时，会产生多巴胺、血清素和正肾上腺素，这些重要的神经传导物质都能够提升学生的状态。不仅如此，运动还能提高孩子的心肺功能、血管功能，改善代谢，提高身体灵敏性和平衡能力，调节体脂，让学生更有活力。

　　我让体育委员每天课间带着小宇在操场上跑步、跳绳，不但让他感受到老师的关注，也感受到同伴的友好。有了伙伴，小宇的运动积极性很高，非常开心。

　　养成运动习惯之后，我给小宇定了目标——进学校的篮球队。于是小宇每天主动去打球，已经不需要同伴帮助了。过了一个学期，小宇果真进了篮球队，成了学校的篮球明星，带领校队赢得温州市乃至浙江省的篮球冠军。

看到孩子在运动上得了那么多奖项，小宇妈妈天天在微信朋友圈晒孩子的荣誉证书，天天在家里给孩子煮好吃的。

我眼见着小宇的眼里有了光亮，虽然在班级里他还是不太守纪律，还是经常做小动作，但明显进步了，作业也主动做，经常控制自己，努力改变。

我通过挖掘小宇运动方面的优势，激发他发挥强项，不仅帮助他克服了多动症，还帮助他创造了个人价值。这也就是积极心理学所关注的，让每个个体获得生命质量，关注个人幸福，乃至提高团队和集体的幸福和生命质量。

虽然病症需要科学精准的专业治疗，但老师也是能有所作为的。在班级多开展体育类活动，让学生们运动起来，身心就能得到良好的发展。重视运动带给生命的意义，构建班级系列运动活动，逐年推进，然后形成良好的运动课程，为孩子身心的充分成长奠定基础。

正如法国思想家伏尔泰（Voltaire）所说："生命在于运动。"